ESTO ES CIENCIA

ACTIVIDADES CREATIVAS PARA EL APRENDIZAJE DE LOS NIÑOS DE PRIMARIA

LAURA RODRÍGUEZ BOLÍVAR

Saralejandría
ediciones

Del texto
Laura Rodríguez Bolívar

Perfil profesional:
@soyunamaestranovata

Diseño de edición:
Elena Torres Andrés

De la presente edición:
Grupo Sar Alejandría S.L

Edita:
Saralejandría Ediciones

ISBN: 978-84-10105-51-5
Depósito Legal: CS 676-2024

A mis padres, por su amor incondicional.
A mi pareja, Carlos por apoyarme en mis locuras.
Y a mis abuelos, mis dos ángeles.

ÍNDICE

SOBRE MÍ

Soy maestra graduada en Educación Primaria, con mención en Profundización en el Currículum Básico por la Universidad de Granada. Además, seguí completando mi formación académica con un Máster en Educación y TIC (e-learning) por la Universidad Oberta de Catalunya.

Anteriormente a mi experiencia en centros educativos trabajé en campamentos como monitora de ocio y tiempo libre, algo que me ayudó mucho a ver de otra manera la educación. Para mi segundo año de prácticas para la universidad decidí realizarlas en el Museo CajaGRANADA Memoria de Andalucía, realizando visitas didácticas a alumnado de diferentes edades. Al final fui contratada, pasando varios años donde pude disfrutar a la vez de mi pasión por la historia, el arte y la educación. Allí puede aprender a ver la educación de otra manera, mucho más dinámica y motivadora.

Todas estas experiencias me han servido para complementar y mejorar mi formación como docente y fue en 2017 donde empezó mi experiencia como docente en centros educativos en la

Comunidad Foral de Navarra, donde estuve en cinco colegios que siguieron ampliando mi aprendizaje. Finalmente pude trabajar en mi tierra, Andalucía, donde obtuve mi plaza en las oposiciones del año 2019. Después de eso he seguido trabajando en diferentes colegios de Andalucía, alguno de ellos, centro comunidades de aprendizaje. También he tenido la oportunidad de ser coordinadora de varios programas como Coeducación y TIC.

A lo largo de estos años he ido recibiendo formación para complementar y mejorar mi labor como docente en ámbitos muy

variados como el uso de las TIC, Comunidades de Aprendizaje, trabajo por proyectos, gamificación, lectura, escritura, matemáticas...

En uno de mis primeros años como docente decidí abrir una cuenta de Instagram educativa (@soyunamaestranovata) para compartir mis experiencias y actividades como docente. Desde ese momento he seguido compartiendo materiales, opiniones y prácticas para ayudar a otros docentes en nuestra importante y dificultosa tarea que es enseñar.

INTRODUCCIÓN

Bienvenidos al fascinante mundo de las Ciencias Naturales en la Educación Primaria. Este libro ha sido creado pensando en los maestros, maestras y familias que día a día buscan inspirar a los niños y fomentar el cuidado y un aprendizaje profundo y significativo del mundo natural. Sabemos que la curiosidad y la motivación son los motores del aprendizaje, y qué mejor campo que el de las ciencias naturales para ello.

A lo largo de estas páginas, encontrarás una serie de actividades prácticas, innovadoras y motivadoras que he realizado en mis clases, diseñadas para facilitar la enseñanza de las ciencias naturales en la etapa de Educación Primaria. Cada actividad ha sido diseñada para cumplir con los objetivos curriculares, y al mismo tiempo mantener el interés de los estudiantes mediante experiencias de aprendizaje activas y participativas.

Mi objetivo es ofrecer herramientas, recursos e ideas que hagan que la enseñanza de las ciencias sea accesible y divertida, y además que fomenten la cooperación y colaboración, el pensamiento crítico y el gusto por el método científico y la investigación. El aprendizaje de las Ciencias Naturales debe ir más allá de los libros de textos, debe ser una aventura que lleve a los más pequeños a observar, investigar, comprender y cuidar el mundo que les rodea.

Encontrarás actividades que abarcan variedad de temas relacionados con el mundo natural. Cada actividad incluye instrucciones de cómo las realizo, materiales necesarios y orientaciones para llevarlas a cabo en función del alumnado y sus características. También incluye gran cantidad de recursos para poder llevar a cabo las mismas.

Espero que este libro se convierta en un valioso recurso para la práctica de las Ciencias Naturales y que nos ayude a transformar las aulas, los centros educativos y hasta nuestros hogares en lugares llenos de investigaciones y descubrimientos. Sin duda estos serán unos aprendizajes que los acompañarán durante toda la vida.

Juntos podemos hacer que la enseñanza de las Ciencias Naturales será una experiencia emocionante, positiva y enriquecedora para los niños.

LA IMPORTANCIA DE LAS CIENCIAS NATURALES EN EDUCACIÓN PRIMARIA

> "En algún lugar, algo increíble está esperando ser conocido."
> (Carl Sagan)

Las Ciencias Naturales juegan un papel fundamental en la formación integral de nuestros niños de Educación Primaria. Estas abarcan una gran variedad de temas relacionados con la naturaleza, el entorno y su conservación, la interacción de los seres vivos, cómo funciona el mismo y su composición. Hay que destacar su relevancia en el currículo educativo y los beneficios que aportan a la formación del alumnado de estas edades. Gracias a ellas, los niños y niñas entenderán y apreciarán el entorno natural que les rodea, así como adquirir los conocimientos científicos básicos que les ayuden a entender, proteger y cuidar el mundo en el que vivimos.

Entre los beneficios que aportan las Ciencias Naturales podríamos destacar:

◇ **Fomento del pensamiento crítico:** a través de la observación y la experimentación, aprenderán a formular preguntas e hipótesis, recoger evidencias y sacar conclusiones a partir de las mismas.

◇ **Mejorar la relación con el entorno natural:** comprenderán la importancia de proteger y conservar el entorno natural. Se instruyen acerca de la biodiversidad, los ecosistemas y la relación entre los seres vivos y su entorno, promoviendo así una actitud de respeto y compromiso hacia la naturaleza.

◇ **Desarrollo de actividades prácticas y motivadoras:** a través de la realización de experimentos, actividades prácticas y manipulativas, el alumnado observará, medirá, recogerá datos y trabajará en grupo. Prácticas que beneficiaran a otras áreas del currículo y a prácticas de la vida cotidiana.

◇ Incrementar el interés por la ciencia: las actividades desarrolladas entorno a las Ciencias Naturales despertarán el interés y la curiosidad del alumnado, lo que puede que motive a este a seguir carreras científicas en el futuro.

Las Ciencias Naturales desarrollarán habilidades como:

1. Observación.

2. Uso de instrumentos científicos.

3. Recogida, análisis e interpretación de datos.

4. Trabajo en grupo.

5. Uso de las TIC y las TAC.

6. Experimentación.

7. Pensamiento crítico.

8. Resolución de problemas.

9. Alfabetización científica.

10. Habilidades de comunicación.

11. Conciencia ambiental.

En definitiva, las Ciencias Naturales dentro del área de Conocimiento de Medio desempeñan un papel fundamental en la formación de nuestro alumnado. Es a través de ellas donde adquirirán conocimientos científicos básicos y desarrollarán actividades prácticas que fomentarán la curiosidad y el cuidado y respeto por el entorno natural que les rodea.

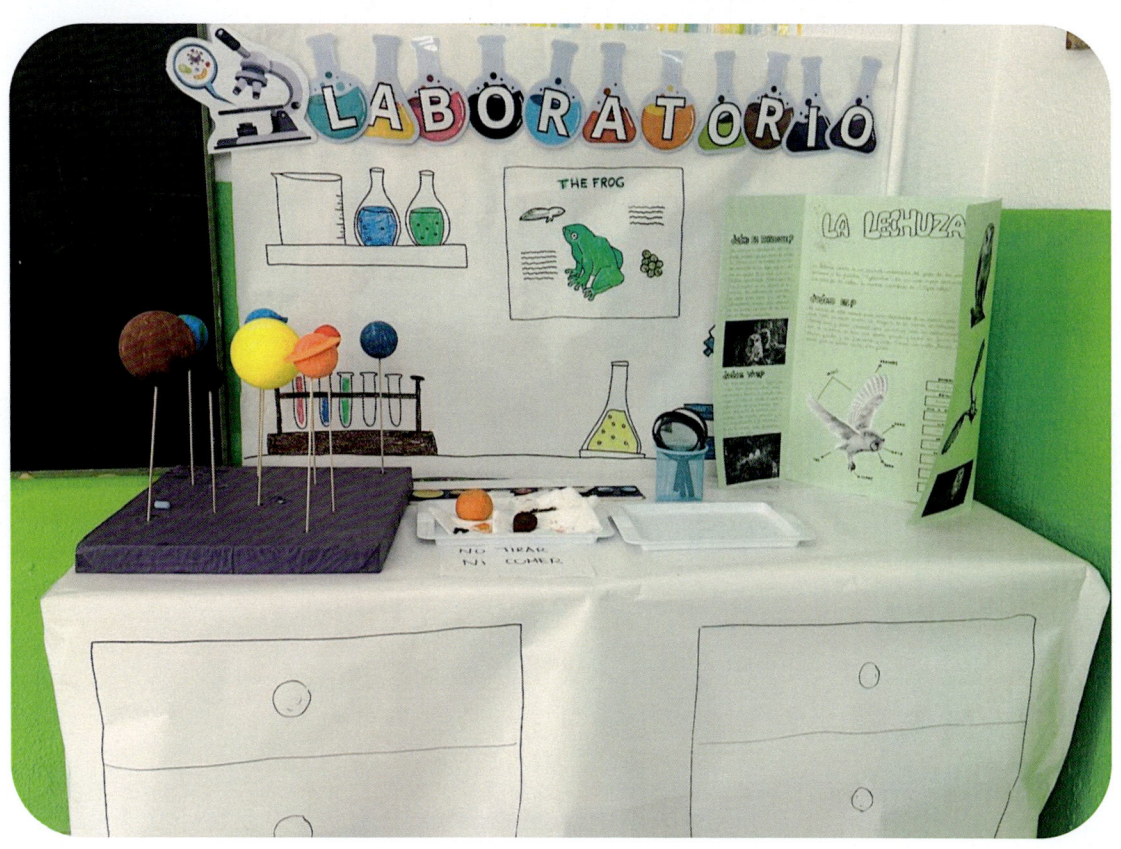

EL MÉTODO CiENTÍFiCO EN EDUCACIÓN PRiMARiA

"El método científico" es fundamental en la educación científica del alumnado y va a ayudar a desarrollar todas las capacidades desarrolladas en el capítulo anterior. A través de este método los alumnos y alumnas aprenderán a aplicar este método, no solo en ciencias, sino también en otras asignaturas y en su vida cotidiana, comprendiendo mucho mejor el mundo que les rodea. ¿Pero cómo se lleva a cabo en esta etapa? ¿Qué pasos debemos realizar para seguirlo? ¡Vamos a verlo!

1. ¡Abrid los ojos! Observación: todo comienza con la observación. El objetivo de este paso es que los más peques observen a su alrededor con interés, atención y curiosidad. De ahí surgirán diversas preguntas, un paso fundamental para parar y centrarse en lo que tienen delante. Este paso puede ser muy divertido.

◇ Observación de fenómenos naturales o procesos científicos.

◇ Uso de material táctil y manipulativo (lupas, microscopios, observatorio de insectos...).

◇ Registros de observaciones (clima, crecimiento de plantas, descomposición de alimentos...).

◇ Preguntas abiertas como: ¿Qué sucede cuando...? ¿Qué diferencias ves...?

◇ Debates sobre las observaciones.

◇ El docente debe demostrar y modelar habilidades de observación efectiva.

2. ¡Despierta la curiosidad! Planteamiento del problema o pregunta: Al observar se van a generar preguntas, a las que luego darán respuesta. Todas las preguntas son válidas y todos podemos participar. Apuntaremos todas las preguntas que vayan saliendo y finalmente elegiremos algunas más concretas.

3. ¿Qué pasa? Hipótesis: los alumnos y alumnas tendrán que empezar a pensar como científicos y científicas. Una hipótesis es una conjetura posible o una predicción. El alumnado debe argumentar la idea de qué podrá suceder o dar respuesta a las preguntas que se han planteado.

4. ¡Nos ponemos a trabajar! Experimentación: Sin duda para el alumnado la parte más divertida y práctica. Es hora de poner a prueba las hipótesis planteadas. Realizaremos experimentos para comprobar si las hipótesis planteadas son correctas. A la vez iremos apuntando lo que vamos obteniendo para posteriormente analizarlo.

5. ¿Qué estamos descubriendo? Análisis de datos: una vez estemos realizando los experimentos es esencial analizar los datos obtenidos durante la experimentación para poder sacar conclusiones. Este paso les ayudará a comprender realmente lo que sucedió y compararlo con nuestras hipótesis.

6. ¿Qué hemos aprendido? Conclusiones: basándonos en los datos que hemos obtenido debemos sacar unas conclusiones. ¿Han sido correctas las hipótesis? ¿Qué hemos aprendido a lo largo del proceso?

7. ¡Hora de compartir! Comunicación: una vez sacadas unas conclusiones debemos compartir con el mundo nuestros hallazgos. Así que deberemos comunicar lo descubierto por algún medio, ya sea una exposición, un vídeo, un artículo...

FICHA OBSERVACIÓN

NOMBRE DEL CIENTÍFICO/A: ....

EXPERIENCIA:
....
....
....
....

MATERIALES
....
....
....
....

FECHA:	**HORA:**

....
....
....
....
....

DIBUJO/ FOTO:

FECHA:	**HORA:**

....
....
....
....
....

DIBUJO/ FOTO:

FECHA:	**HORA:**

....
....
....
....
....

DIBUJO/ FOTO:

@soyunamaestranovata

19

EXPLORANDO ECOSISTEMAS

AVENTURAS CAMPESTRES

Si vais a realizar una salida a un entorno natural es una oportunidad perfecta para trabajar con el alumnado muchos aspectos relacionados con las ciencias naturales. Si no la tenemos planificada a nivel de centro podemos proponer una nosotros mismos a un entorno cercano.

Los objetivos que pretendemos conseguir con esta actividad son:

Fomentar la observación activa del entorno.

Realizar registros de la biodiversidad del entorno natural.

Motivar a los niños a investigar y explorar diferentes elementos de la naturaleza de manera autónoma, guiados por su curiosidad e interés.

Sensibilizar a los niños sobre la importancia de conservar y proteger los entornos naturales.

Materiales

◇ Para esta actividad necesitamos:

◇ Lupas.

◇ Prismáticos (si es posible).

◇ Cuaderno de campo.

◇ Lápiz o bolígrafo.

◇ ¿Cómo la llevaremos a cabo?

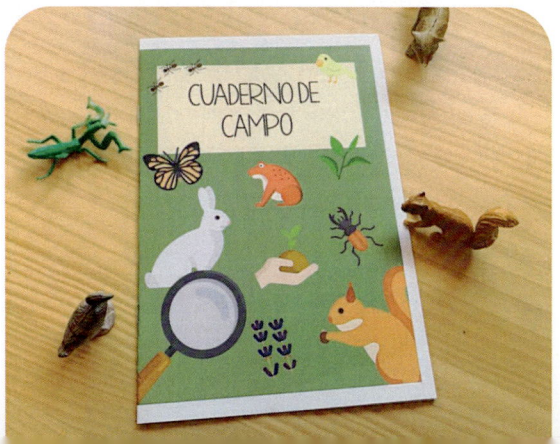

Preparación:

◇ Explicaremos al alumnado dónde realizaremos la salida. Una buena idea puede ser realizar una pequeña investigación en grupos sobre el lugar a visitar. Dónde está, cuándo tardaremos, qué nos hará falta, características de la zona, animales, plantas y normas a seguir (importante hacer hincapié en el respeto y cuidado del entorno al que vamos).

◇ Una vez conozcamos la zona le daremos a cada alumno/a su cuaderno de campo. Lo leeremos y juntos veremos qué apartados tiene para poder completarlos en nuestra salida.

Indicaciones y registro de observaciones:

◇ La investigación será en grupos, por lo que es esencial compartir experiencias, observaciones y opiniones con los miembros de nuestro grupo.

◇ Caminamos lentamente y observaremos a nuestro alrededor. Importante usar nuestros sentidos para escuchar sonidos (pájaros, agua pasar, insectos…), identificar colores y formas, texturas de hojas… Podemos usar lupas y los prismáticos para completar nuestras observaciones.

◇ Vamos completando los apartados que podamos según lo observado.

Compartimos y reflexionamos en el aula

A la vuelta de la salida reflexionaremos y compartiremos nuestras observaciones y descubrimientos. Primero lo haremos en pequeños grupos y finalmente en gran grupo. Podemos animarlos a completar la información si ha faltado algo gracias a las observaciones de todos. Podemos ampliar la actividad investigando un poco más sobre las especies que hayamos observado.

DATOS DE LA SALIDA

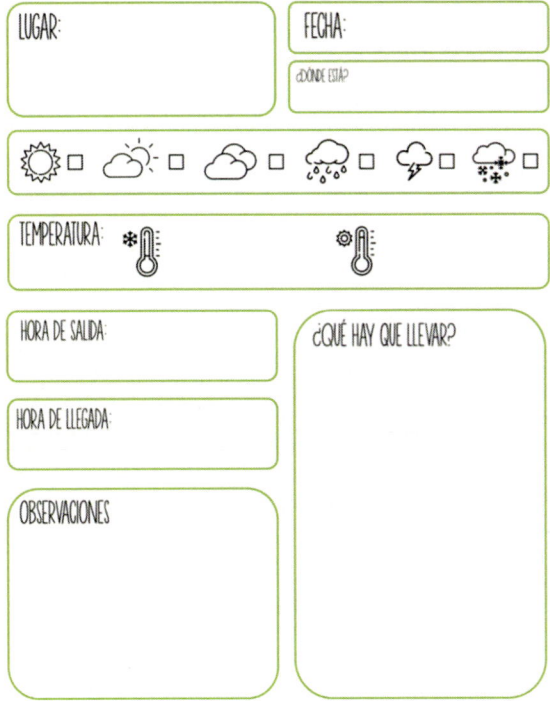

LUGAR:

FECHA:

¿DÓNDE ESTÁ?

TEMPERATURA:

HORA DE SALIDA:

HORA DE LLEGADA:

¿QUÉ HAY QUE LLEVAR?

OBSERVACIONES

@soyunamaestranovata

ÁRBOL

ARBUSTO

HIERBA

Dibuja cuatro plantas que observes a tu alrededor y escribe si se trata de un árbol, arbusto o hierba:

VIDA MICROSCÓPICA

¿Te imaginas crear nuestro propio cultivo de bacterias? En esta actividad embarcaremos al alumnado en la aventura de explorar el mundo microscópico de las bacterias. Esta actividad les ayudará a entender que estos seres vivos microscópicos están presentes en todas partes, que poseen una gran diversidad y qué cómo interactúan en el entorno es crucial para la formación científica de nuestros alumnos y alumnas. Además de fomentar la curiosidad y motivación del alumnado nos enseñará la importancia de la higiene y la microbiología en nuestra vida cotidiana.

Los objetivos que pretendemos conseguir con esta actividad son:

Introducir al alumnado en el mundo de la microbiología.

Fomentar el método científico a través de la observación, la experimentación y el análisis de resultados.

Promover el desarrollo de habilidades de observación y análisis.

Materiales

◇ Para esta actividad necesitamos:

◇ Placas petri.

◇ Guantes.

◇ Bastoncillos de algodón.

◇ Suero fisiológico (para humedecer los bastoncillos antes de coger las muestras).

◇ Parafilm (para sellar la unión entre la placa y la tapa de las placas petri).

◇ Lupas.

◇ Microscopio (opcional).

◇ Fichas de observación.

◇ ¿Cómo lo llevaremos a cabo?

Introducción

Presentaremos la actividad al alumnado, pero antes deberemos conocer un poco más sobre las bacterias. Como actividad introductoria podemos ver un vídeo sobre las mismas o realizar una lectura en la que obtengamos información sobre ellas.

Preparación

Una vez conocemos qué son las bacterias y para qué sirven es hora de preparar nuestras placas petri. Para ello, mez-clamos el agar con agua y lo calentamos en un microondas. Llenaremos las placas petri con la solución y las dejaremos reposar hasta que se solidifique.

Recogida de muestras

Antes de realizar la recogida de muestras repartimos al alumnado una ficha de observación que servirá para registrar nuestras observaciones.

Cuando tengamos listas nuestras placas, es hora de recoger las muestras. Humedecemos un bastoncillo de algodón con suero fisiológico. Pasaremos el bastoncillo por superficies que deseemos investigar (pomos de puertas, un teclado, el móvil...). Después lo frotamos sobre la superficie del agar en la placa petri para transferir las bacterias que hemos recolectado. Cerramos las placas y las sellamos con Parafilm.

Registramos en nuestra hoja el nombre del experimento, la fecha, una descripción de los pasos realizados y un dibujo o foto. Realizaremos hipótesis de lo que podrá pasar en los próximos días.

¿Cuántos días tardarán?

¿Qué tipos de bacterias aparecerán?

¿Cuántas aparecerán?

¿Dónde aparecen más bacterias?

Incubación

Colocamos las placas petri en un lugar oscuro y cálido a ser posible. Las bacterias comenzarán a crecer en las placas dentro de uno o dos días, dependiendo de las condiciones y del tipo de bacterias presentes.

Observación y análisis

Iremos observando las placas petri cada varios días. Las bacterias formarán colonias visibles que podrán ser observadas a simple vista o con la ayuda de una lupa o microscopio.

Registramos cada día nuestras observaciones guiados por nuestra hoja de observación. Asegúrate de que los estudiantes sigan las normas de seguridad, como lavarse las manos después de manejar las placas petri y usar guantes si es necesario.

Conclusiones

Finalmente, comentamos en gran grupo nuestras observaciones y conclusiones que hemos ido sacando con este experimento. Fomentamos la discusión sobre la importancia de la higiene y la prevención de enfermedades relacionadas con las bacterias.

REDES DE LA NATURALEZA

Los organismos de los ecosistemas están conectados a través de la comida y la energía. Las cadenas tróficas son como redes de alimentación que nos muestran quién come a quién en la naturaleza, desde las plantas que capturan la energía del sol hasta los depredadores que cazan otros animales.

Realizaremos varias actividades relacionadas con ellas y durante las mismas aprenderemos qué papel juegan los productores, los consumidores y descomponedores en estas cadenas alimentarias.

Los objetivos que pretendemos conseguir con esta actividad son:

◇ Comprender la estructura y funcionamiento de las cadenas tróficas.

◇ Promover la conservación del medio ambiente.

Materiales:

Para esta actividad necesitamos:

◆ **Opción 1.** Tarjetas o imágenes con diferentes organismos.

◆ **Opción 2**. Vasos con diferentes organismos.

¿Cómo lo llevaremos a cabo?

Introducción

Explica qué es una cadena trófica y cómo muestra la transferencia de energía de un organismo a otro en un ecosistema.

Construcciones de cadenas tróficas

Dividimos al alumnado en pequeños grupos y entregamos tarjetas o imágenes con diferentes organismos. El grupo deberá colocar los organismos en orden secuencial formando cadenas tróficas.

Presentación

Cada grupo presentará al resto de compañeros/as una cadena trófica. Explicará cómo está secuenciada y qué elementos y organismos intervienen en la misma.

Conclusiones finales

En gran grupo discutiremos lo aprendido, qué cadenas tróficas hemos creado y haremos hincapié en la importancia de mantener un equilibrio en los ecosistemas y nuestra responsabilidad en la conservación del medio ambiente.

En esta actividad nos sumergiremos en los diferentes ecosistemas y exploraremos la diversidad de animales que los habitan. Los alumnos y alumnas trabajarán de manera cooperativa para clasificar los animales según su hábitat. Nos servirá también para identificar cada especie y cómo están adaptadas al medio para sobrevivir. Esta actividad la realizo para estaciones de aprendizaje, pero puede realizarse a la vez con todo el grupo si tenemos diferentes grupos de tarjetas.

Los objetivos que pretendemos conseguir con esta actividad son:

◇ Explorar y aprender sobre la variedad de especies animales que habitan en diferentes ecosistemas.

◇ Sensibilizar al alumnado sobre la importancia de la conservación y el cuidado del medio ambiente.

◇ Fomentar el trabajo cooperativo.

Materiales:

◇ Para esta actividad necesitamos:

◇ Tarjetas con imágenes de animales.

◇ Tableros con imagen de cada ecosistema o hábitat (desierto, selva, montaña, mar u océano, sabana, bosque, costa...).

¿Cómo lo llevaremos a cabo?

Distribuimos al alumnado en pequeños grupos de unos 4 alumnos/as. Cada grupo tendrá sus tarjetas de animales y de los ecosistemas. Tendrán que revisar sus tarjetas y después discutirán en qué ecosistema creen que vive cada animal. Colocarán cada uno en el ecosistema que corresponda (selva, océano, bosque, de-

sierto...). Después de clasificar los animales en gran grupo discutiremos sus decisiones. Deberán justificar estas basadas
en las características y adaptaciones de
cada animal para ese hábitat.

¡MINI MUNDOS NATURALES!

En esta actividad el alumnado creará diferentes dioramas. Así el alumnado comprenderá y apreciará la diversidad de ecosistemas que existen en nuestro planeta. A través de la construcción de dioramas explorarán diferentes tipos de ecosistemas como bosques, desiertos, océanos, tundras y selvas tropicales. Cada grupo de alumnos/as tendrá la oportunidad de investigar y representar su ecosistema asignado o elegido, integrando elementos esenciales como el clima, la flora, la fauna y las características geográficas.

Los objetivos que pretendemos conseguir con esta actividad son:

◇ Identificar y describir las características principales de diversos ecosistemas.

◇ Fomentar el trabajo en equipo.

◇ Concienciar sobre la importancia de los ecosistemas y la biodiversidad para el planeta.

Materiales:

Para esta actividad necesitamos:

◇ Cajas de zapatos o cajas de cartón pequeñas.

◇ Pinturas acrílicas o témperas, pinceles, rotuladores, lápices…

◇ Tijeras y pegamento.

◇ Papeles de diferentes colores y tipos.

◇ Plastilina o arcilla.

◇ Imágenes impresas de animales y plantas.

◇ Materiales naturales (ramas, hojas, piedras, arena).

◇ Miniaturas de animales (opcional).

◇ Fotocopias con animales y plantas.

◇ Papel continuo.

◇ Ficha de análisis de ecosistema.

¿Cómo lo llevaremos a cabo?

Comenzamos con una breve presentación de los ecosistemas. Podemos usar vídeos de documentales o vídeos didácticos para ello. Explicamos qué es un ecosistema y describimos brevemente algunos tipos: bosques, desiertos, océanos, tundras y selvas tropicales. También hablamos sobre componentes de los mismos como el clima, plantas, animales y características geográficas.

Dividimos al alumnado en grupos de 3-4 alumnos/as. Asignaremos un ecosistema para cada grupo o cada grupo elegirá uno. Entregaremos una hoja de trabajo para analizar el ecosistema asignado para enfocar la investigación.

Cada grupo investigará su ecosistema utilizando libros u ordenadores. Usarán su hoja de investigación para los datos que vayan seleccionando del ecosistema. Cuando tengan la información los grupos discutirán cómo representarán su ecosistema en un diorama. Harán su boceto y una lista con los materiales que van a usar. Dejaremos varias sesiones para que lo realicen en el aula.

Para grupos de menor edad podremos crear nuestros ecosistemas con papel continuo. Con ayuda de fotografías de diferentes ecosistemas los dibujarán y pegarán animales y plantas que correspondan al mismo.

Una vez finalicen su ecosistema, cada grupo presenta su diorama al resto de la clase, explicando los componentes de su ecosistema y por qué los eligieron. Haremos un repaso de lo aprendido y reflexionaremos sobre la importancia de estos y la biodiversidad.

35

MUNDO ANIMAL

¡CÓMO CAMBIAN!

La metamorfosis es uno de los procesos más fascinantes de la naturaleza y que causa gran motivación e interés en alumnado de Educación Primaria. A través de este proceso, algunos animales experimentan cambios en su forma, comportamiento y funciones a lo largo de su vida.

En esta actividad el alumnado explorará la metamorfosis de varios animales como la mariposa, el escarabajo, la rana, abeja, libélula...

Los objetivos que pretendemos conseguir con esta actividad son:

◇ Identificar y describir las diferentes etapas del ciclo de vida de animales que experimentan metamorfosis.

◇ Realizar investigaciones sobre diferentes especies que experimentan metamorfosis.

◇ Trabajar en grupos para realizar actividades fomentando la cooperación.

◇ Promover el cuidado del entorno a través del estudio de la vida y los hábitats de estos animales.

Materiales

Para esta actividad necesitamos:

◇ Tarjetas sobre la metamorfosis de los diferentes animales.

◇ Hojas de registro y observación.

◇ Materiales para manualidades (cartulina, pegamento, tijeras, colores, plastilina, etc.)

¿Cómo la llevaremos a cabo?

En esta actividad, cada grupo de estudiantes explorará la metamorfosis de un animal específico. Cada grupo investigará, observará y presentará las diferentes etapas del ciclo de vida del animal asignado, utilizando diversos recursos y métodos de presentación.

Para empezar, cada grupo ordenará las tarjetas y su descripción para completar la metamorfosis. Después completarán la ficha de registro. Con ello cada grupo creará un diagrama o mural que represente las etapas del ciclo de vida del animal asignado. Finalmente, presentarán su animal al resto de la clase.

SAFARI CIENTÍFICO

En esta interesante actividad nos ayudará a descubrir y analizar una diversidad de animales. Tendremos la oportunidad de clasificar y analizar diferentes especies y aprender sobre sus características. Equipados con nuestras guías de identificación y clasificación haremos nuestras investigaciones.

Durante ella seguiremos el método científico recolectando datos y desarrollando habilidades cual biólogos. También reflexionaremos sobre la importancia de la conservación de la fauna y la gran biodiversidad de nuestro planeta.

Los objetivos que pretendemos conseguir con esta actividad son:

◇ Aprender a reconocer y clasificar diferentes especies de animales.

◇ Enseñar a los estudiantes los principios básicos de clasificación científica de las especies.

◇ Promover el trabajo en equipo para investigar y clasificar diversas especies.

Materiales

◇ Para esta actividad necesitamos:

◇ Fichas de clasificación de animales.

◇ Marcadores de pizarra borrables.

◇ Imágenes de animales (pueden ser proyectadas en la pizarra digital).

¿Cómo lo llevaremos a cabo?

Repartimos a cada alumno una ficha de clasificación de animales. Pueden estar plastificadas o usar forros de plástico para poder usarlas más de una vez.

Mostraremos la imagen de un animal y el alumnado por grupos debe ir completando la plantilla según el mismo. Daremos un tiempo determinado y prudencial al alumnado. Una vez acabado ese tiempo corregiremos las respuestas del alumnado en gran grupo sobre cada animal.

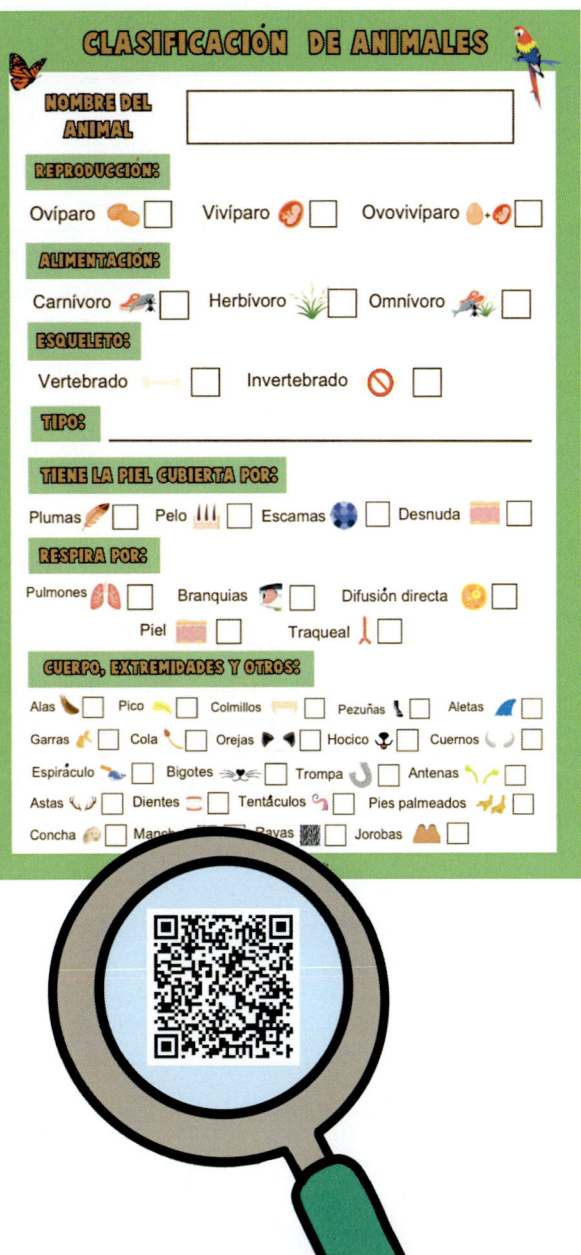

UN MUNDO MINÚSCULO

En este pequeño proyecto, nos adentraremos en el mundo de los insectos, descubriendo la gran variedad que existe y su relevancia para los ecosistemas del mundo. A través de la observación, la investigación y el análisis exploraremos distintas especies, cómo contribuyen a la naturaleza y qué características los hacen asombrosos.

Los objetivos que pretendemos conseguir con esta actividad son:

◇ Observar y registrar características físicas específicas de diferentes especies de insectos.

◇ Fomentar la investigación.

◇ Reflexionar sobre la importancia de los insectos en los ecosistemas.

Materiales

Para esta actividad necesitamos:

◇ Colección de insectos (si es posible) o tarjetas con imágenes de insectos.

◇ Observatorio de insectos.

◇ Lupas y lupas.

◇ Libros sobre insectos.

◇ Ordenadores con acceso a internet.

◇ Hojas de trabajo con guías para la observación y análisis de insectos.

◇ Ficha de observación e investigación sobre insectos.

¿Cómo lo llevaremos a cabo?

Introducción

Introduciremos la actividad o proyecto sobre los insectos. Podemos hacerlo mediante un vídeo, pero también podemos traer alguno a clase, al cual observaremos con un observatorio de insectos. Esta actividad suele ser muy motivadora para el alumnado, pues tiene la oportunidad de observar un insecto vivo de cerca. Además, aprenden la importancia de tratarlo bien y de no querer hacerle daño. Finalmente lo liberaremos en un entorno seguro.

Antes de nada aprenderemos a distinguir entre animales vertebrados e invertebrados y que estos pertenecen al grupo de los segundos. Podemos investigar sobre los tipos de invertebrados y realizar varias actividades para clasificarlos.

Observación y exploración

Es hora de observar otros insectos, si es posible podemos coger insectos reales vivos o bien colección de insectos o tarjetas con fotografías de buena calidad. Usaremos el observatorio de insectos en el caso de que estén vivos y lupas para lo demás. Se podrá trabajar individualmente o en grupos. Anima al alumnado a fijarse en detalles como alas, cantidad de patas, antenas, colores, ojos, si tiene manchas... El alumnado irá registrando lo que ve de cada uno de los animales.

Investigación

Facilitaremos libros y ordenadores para poder investigar más sobre los insectos. Cada alumno/a elegirá uno. Deberá ir completando la información de la ficha de observación sobre su insecto. Investigarán sobre su taxonomía, hábitat, ciclo de vida, alimentación, comportamiento, curiosidades, adaptaciones...

Trabajo de investigación

Es opcional, pero el alumnado podrá crear un trabajo físico escrito más detallado sobre su animal. En cartulina podrá transcribir la información sobre el insecto e incorporar más imágenes y decorarlo para poder ponerlo en algún lugar del centro realizando una exposición con nuestros hallazgos.

Presentación final

Una vez realizada la investigación y su trabajo físico deberán presentar los resultados de su investigación. Para ello realizarán una exposición oral sobre dicho trabajo al resto de la clase. La presentación podrá ser grabada (siempre con los permisos pertinente) para ponerlo en nuestro blog de clase.

Conclusiones

Realizaremos una actividad final argumentando la importancia de los insectos, nuestras conclusiones sobre nuestras investigaciones y lo que hemos aprendido durante el proyecto.

ADIVINA QUIÉN

Aquí tenemos otra actividad para aprender y clasificar diferentes tipos de animales. Pondremos a prueba nuestros conocimientos adquiridos para identificar diferentes animales usando uno de los juegos más conocidos: ¿Quién es quién? Una oportunidad para desarrollar habilidades de observación, análisis y clasificación.

Los objetivos que pretendemos conseguir con esta actividad son:

◇ Reconocer y clasificar diferentes tipos de animales.

◇ Usar principios básicos de clasificación científica para los animales.

◇ Promover el trabajo en equipo para investigar y clasificar diversas especies.

Materiales:

Para esta actividad necesitamos:

◇ Varios juegos de mesa "¿Quién es quién?".

◇ Tarjetas de animales (para insertarlas en el juego).

◇ Tarjetas de los animales que aparecen en el juego.

¿Cómo lo llevaremos a cabo?

Presentamos la actividad al alumnado, explicando que jugarán un juego de "Adivina quién" para identificar diferentes animales basándose en las pistas proporcionadas.

Dividimos el aula en grupos o en parejas. Según el número de tableros que tengamos preparados. Habremos insertado las tarjetas pequeñas de animales en ellos.

Entrega a cada grupo una tarjeta de animal sin mostrar la imagen. Los grupos deben leer la descripción y preparar 3-5 pistas sobre su animal. El alumnado tiene que ir bajando aquellos que crea que no corresponden. Algunas de las frases que podemos decir es:

◇ Es ovíparo (y el alumnado tiene que bajar todos los que no sean ovíparos).

◇ Es invertebrado.

◇ Tiene cuatro patas.

◇ Es mamífero.

Un grupo a la vez presentará sus pistas a la clase. Los demás grupos deben escuchar atentamente y tratar de adivinar el animal. Cuando adivinen ese otro grupo dirá el suyo.

Después de cada ronda, discute brevemente el animal adivinado, destacando características interesantes y cualquier información adicional relevante.

Esta actividad también se puede hacer en gran grupo y el docente irá diciendo las pistas. También se puede hacer en pequeños grupos, que a su vez se dividen en equipos.

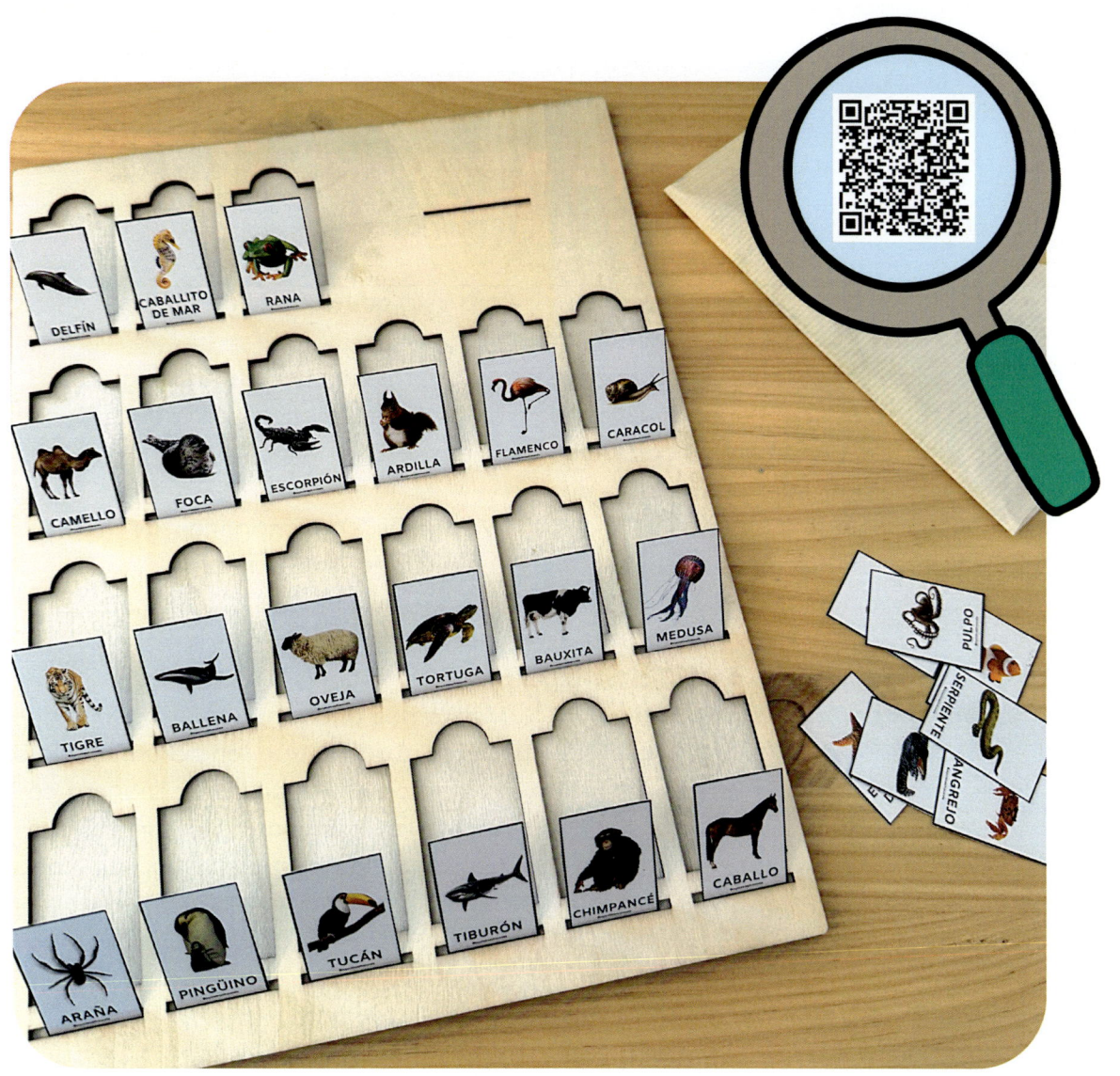

SAFARI ANIMAL (tarjetas vertebrados)

Una actividad dinámica diseñada para ayudar al alumnado a comprender el mundo de los animales vertebrados. A través de ella aprenderán a identificar y diferenciar los principales grupos de vertebrados. Clasificando las tarjetas, el alumnado además de identificar y clasificar los animales vertebrados en sus cinco grupos (mamíferos, aves, peces, reptiles y anfibios) desarrollará habilidades de observación y trabajo en equipo.

Los objetivos que pretendemos conseguir con esta actividad son:

◇ Reconocer los cinco grupos de animales vertebrados.

◇ Incrementar la motivación y el interés por los animales.

◇ Fomentar el trabajo en grupo y la colaboración.

Materiales

Para esta actividad necesitamos:

◇ Tarjetas con los diferentes grupos de vertebrados: mamíferos, aves, peces, reptiles y anfibios.

◇ Tarjetas con imágenes de diversos animales vertebrados.

¿Cómo lo llevaremos a cabo?

Dividiremos al alumnado en grupos pequeños. Cada grupo tendrá un conjunto de tarjetas. Cada grupo de manera colaborativa examinará las tarjetas, comentando las características de cada animal. Clasificamos las tarjetas y las colocamos en el grupo de vertebrados que corresponda. Dejaremos un tiempo determinado para hacerlo.

Una vez terminado el tiempo y la clasificación, en gran grupo iremos comentando cada animal y a qué grupo pertenece. Cada grupo presentará sus clasificaciones y explicará las razones detrás de sus decisiones.

Podemos complementar la actividad con una hoja donde iremos apuntando cada animal y a qué animal pertenece.

EL REINO DE LAS PLANTAS

¿CUÁL ES CUÁL?

En esta actividad el alumnado dispondrá de varias tarjetas con imágenes de plantas y partes de las mismas. Tendrán que emparejarlas usando la observación, la lógica y sus conocimientos previos. La he realizado mucho con alumnado a partir de tercero de primaria, aunque se puede adaptar a alumnado de cursos inferiores eliminando algunas de las tarjetas o dando algunas pistas de las mismas para que sea más fácil su emparejamiento.

Los objetivos que pretendemos conseguir con esta actividad son:

◇ Fomentar la observación.

◇ Identificar y reconocer diferentes plantas.

◇ Comprender la relación entre las partes de una planta.

◇ Potencias actividades cognitivas como la memoria, la atención y la asociación.

◇ Introducir conceptos básicos de botánica como la identificación de especies de plantas.

◇ Fomentar la cooperación y el trabajo en equipo.

Materiales

◇ Tarjetas con fotos. En algunas tarjetas tendremos el nombre de las especies, en otras fotos de la planta completa, en otras fotos de la hoja, en otras de las flores (si las tienen) y en otras su fruto (si lo tienen). También tendremos tarjetas con los diferentes conceptos: especie, planta, hoja, flor y fruto.

¿Cómo la llevaremos a cabo?:

◇ Asigna un sobre con tarjetas a cada grupo de alumnos/as.

◇ Explicaremos en qué consiste la actividad y daremos un tiempo determinado para su realización.

◇ Los grupos deben observar con atención las diferentes tarjetas. Las organizarán en torno a las tarjetas con los conceptos.

◇ Cada grupo debe encontrar las tarjetas que correspondan a la misma planta y ponerlas juntas.

◇ Una vez se acabe el tiempo lo corregiremos en gran grupo. Los grupos deben ir arreglando los errores que han cometido.

MISIÓN HOJA

A lo largo de esta actividad, nos familiarizaremos con diversas características de las hojas, como su forma, tamaño, textura, borde... Anotaremos todas nuestras observaciones y aprenderemos a reconocer las diferencias y similitudes entre hojas de diferentes tipos de plantas.

Los objetivos que pretendemos conseguir con esta actividad son:

◇ Aprender a reconocer y diferenciar hojas de diversas especies de plantas.

◇ Utilizar estrategias de observación y de identificación para clasificar hojas según sus características morfológicas.

◇ Fomentar la curiosidad hacia el entorno natural.

Materiales

Para esta actividad necesitamos:

◇ Hojas de diferentes plantas con diversas formas.

◇ Ficha de observación y registro.

◇ Lupas.

◇ Fichas clasificatorias de hojas: claves de identificación (borde, venación, textura, color...).

◇ Material de escritura: lápices, colores...

¿Cómo lo llevaremos a cabo?

En grupos de unos cuatro o cinco alumnos y alumnas, si tenemos posibilidad saldremos fuera del aula a recolectar diferentes tipos de hojas. Se debe tener cuidado de no dañar las plantas al recolectar las muestras.

Cada grupo coloca las hojas recolectadas en sus bolsas, etiquetándolas con un número o código para mantener un registro organizado. Una vez recolectadas nos reuniremos en clase para empezar con la clasificación y examinar sus muestras.

Usando lupas y las claves de identificación, los participantes observan las características de cada hoja (forma, borde, venación, textura, color, tamaño). Cada hoja se pegará en la ficha de observación e iremos completando la información. Una vez realizadas las observaciones y registros presentaremos por grupos los resultados de nuestra investigación. Finalmente, podemos crear un libro conjunto con todas las fichas de observación.

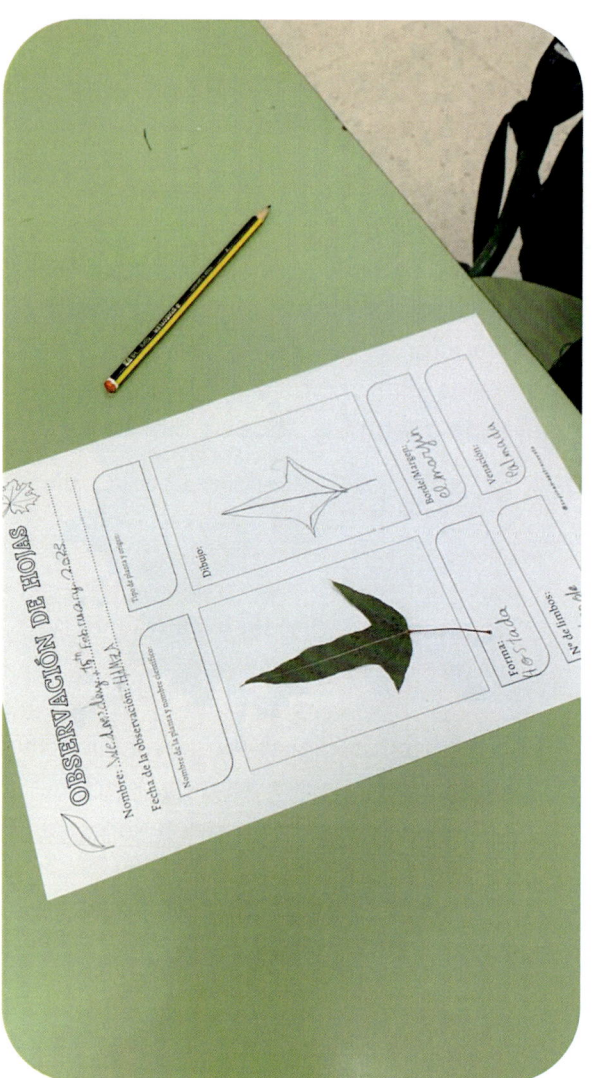

OBSERVACIÓN DE HOJAS

NOMBRE:.. FECHA: ....

Dibujo:

El tamaño de mi hoja es…

pequeña   mediana   grande

Es de color…

Su textura es…
☐ suave
☐ rugosa

Su forma se parece a…

Describe tu hoja….

OBSERVACIÓN DE HOJAS

Nombre: ....

Fecha de la observación: ....

Dibujo:

El tamaño de mi hoja es…

pequeña   mediana   grande

Es de color…

Nº de limbos:

Forma:

Borde/Margen:

Venación:

Nombre de la planta, nombre científico y tipo de planta:

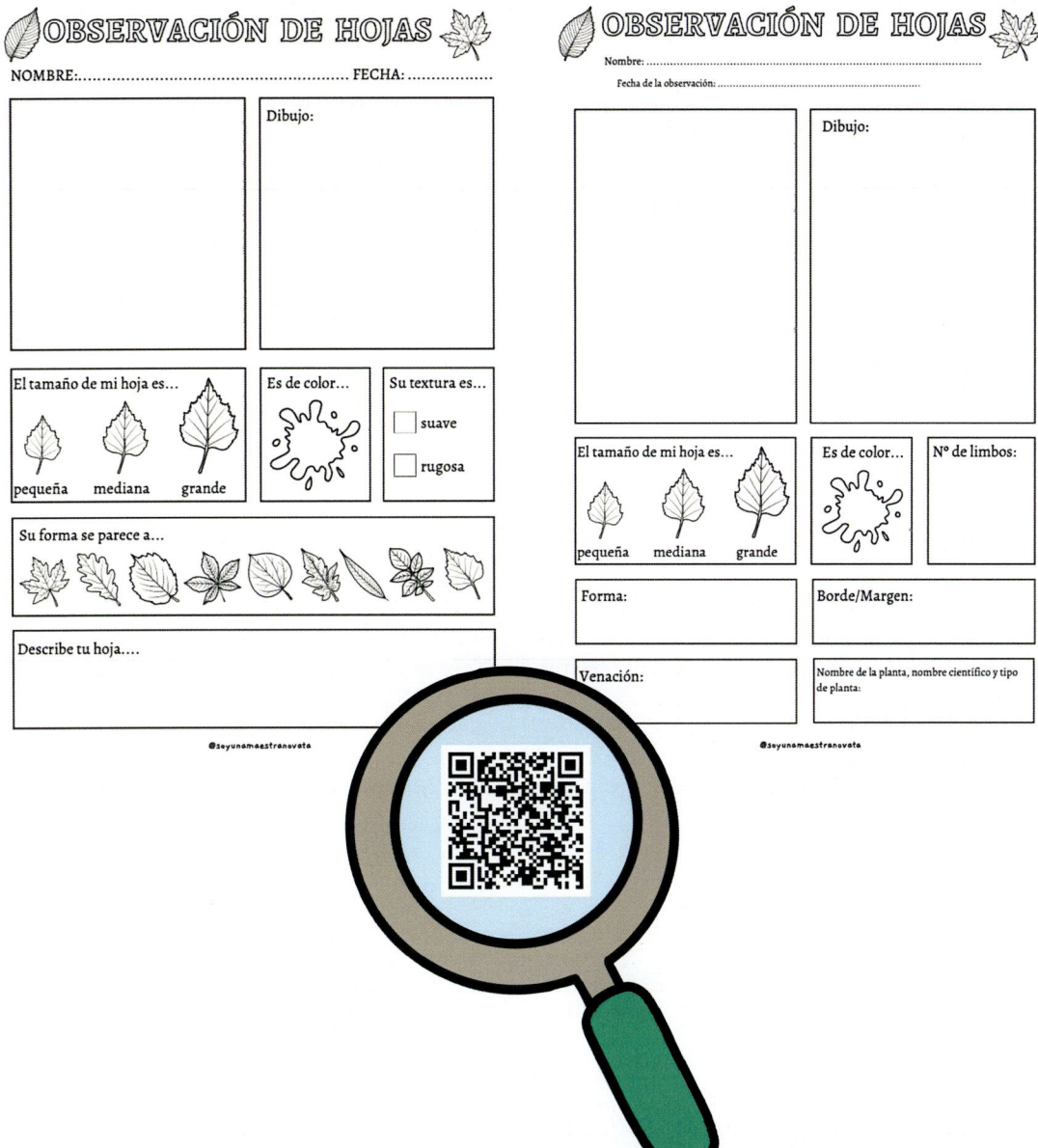

NUESTRO PROPIO JARDÍN

A lo largo de esta actividad el alumnado tendrá la oportunidad de plantar y cuidar su propia planta. Una actividad muy motivadora donde observarán cómo germinan sus semillas, cómo crecen sus diferentes partes y lo importante que es el agua, la luz y nuestro cuidado para que prosperen.

Los objetivos que pretendemos conseguir con esta actividad son:

◇ Aprender sobre el ciclo de vida de las plantas.

◇ Observar el proceso de germinación y crecimiento.

◇ Fomentar la responsabilidad y el cuidado del medio ambiente.

Materiales

Para esta actividad necesitamos:

◇ Semillas de lentejas, habichuelas y garbanzos.

◇ Bolsas zip transparentes.

◇ Algodón.

◇ Marcadores permanentes.

◇ Ficha de observación.

◇ Pequeños vasos de plástico o tiestos.

◇ Tierra para plantas.

¿Cómo lo llevaremos a cabo?

Una vez explicado y conocer el ciclo de una planta. Explicaremos que vamos a plantar nuestra propia semilla y así ver cómo crecen. Repartiremos una bolsa, algodón y algunas semillas a cada alumno y alumna.

Cada uno escribirá su nombre con los marcadores permanentes, la fecha de la plantación en la bolsa de plástico y el tipo de semilla. Humedecemos algo de algodón (sin encharcar) y lo ponemos en el interior de la bolsa. Introduciremos dentro del algodón algunas semillas. Después pegaremos la bolsa en alguna ventana donde le dé la luz.

Cada día o cada dos días observaremos la evolución de nuestra semilla. Anotaremos la fecha y los cambios que van sucediendo en ella.

Cuando pasen unas semanas comentaremos en gran grupo qué cambios hemos ido viendo a largo de nuestra observación. Después podemos pasar nuestras plantas a tiestos pequeños para dejarlas en clase donde las cuidaremos o ponerlas en el huerto del colegio si tiene uno.

DESAFÍO VERDE

En esta actividad el alumnado aprenderá a distinguir entre los tres grandes grupos de plantas: árboles, arbustos y hierbas. Clasificar las plantas les ayuda a identificar mejor el mundo natural y su entorno, además de reconocer la importancia que juegan cada una de ellas. Nos permitirá apreciar la diversidad vegetal que tenemos y cómo podemos cuidarla.

Los objetivos que pretendemos conseguir con esta actividad son:

◇ Comparar y clasificar plantas entre árboles, arbustos y hierbas.

◇ Apreciar la diversidad de vegetación que tenemos y querer conservarla.

◇ Fomentar el trabajo en equipo.

Materiales:

Para esta actividad necesitamos:

◇ Fotos con imágenes de diversos árboles, arbustos y hierbas para que el alumnado pueda observarlas y clasificarlas.

◇ Tarjetas de clasificación, es decir, tarjetas con imágenes y descripciones de árboles, arbustos y hierbas para ayudar en la identificación.

◇ Hoja de trabajo para registrar la clasificación.

◇ Libros de botánica con ilustraciones y descripciones simples sobre árboles, arbustos y hierbas (opcional).

¿Cómo lo llevaremos a cabo?

Explicamos el objetivo de la actividad y recordamos brevemente las categorías de clasificación (árboles, arbustos y hierbas). Las habremos visto otro día o ese mismo día en clase. Podemos usar un vídeo a modo de introducción.

Ajustamos el nivel de dificultad de la actividad según la edad de nuestro alumnado. Para grupos más avanzados, puedes incluir plantas menos comunes o más detalles sobre sus ecosistemas.

Dividimos al alumnado en grupos de unos estudiantes. Cada grupo tendrá un sobre, tanto con las imágenes de diversos árboles, arbustos y hierbas, como con las tarjetas de clasificación. Le damos a cada alumno/a una hoja de trabajo donde registrar la clasificación.

Tendrán un tiempo determinado para clasificar las tarjetas según las categorías. El tiempo se establecerá según las características de nuestro alumnado. Los alumnos/as registran sus observaciones y clasificaciones en las hojas de trabajo.

En gran grupo discutimos los resultados de las clasificaciones. Cada grupo argumenta y expone cómo ha llegado a sus decisiones. Si algún grupo ha cometido un error, lo irá arreglando sobre la marcha. Resumimos los hallazgos que hemos realizado y qué conclusiones hemos obtenido a lo largo de la actividad. Revisamos las hojas de trabajo y observamos las clasificaciones y anotaciones de los alumnos para evaluar su comprensión del tema.

Podemos complementar esta actividad con una salida al entorno próximo, donde identifiquemos diferentes tipos de plantas.

¿CRECE O NO CRECE?

El proceso de germinación es un concepto clave sobre el ciclo de vida de las plantas y sus necesidades básicas. En esta actividad experimental exploraremos cómo la presencia o ausencia de agua, luz y tierra afecta el proceso de germinación de las semillas. Someteremos semillas a tres condiciones experimentales diferenciadas: una semilla recibirá agua y luz, pero no tendrá tierra; otra se colocará en tierra y luz, pero sin agua; y una tercera semilla estará en agua y tierra, pero sin luz. El alumnado tendrá la oportunidad de investigar a través de la observación y el análisis de los resultados, los estudiantes desarrollarán habilidades científicas, aprenderán a formular hipótesis y evaluarán cómo las condiciones ambientales afectan el desarrollo de las plantas.

Los objetivos que pretendemos conseguir con esta actividad son:

◇ Comprender cómo diferentes factores ambientales afectan a la germinación y crecimiento de las plantas.

◇ Fomentar el desarrollo del método científico.

◇ Desarrollar habilidades de observación y análisis.

Materiales:

Para esta actividad necesitamos:

◇ Semillas como garbanzos, lentejas o habichuelas.

◇ Tres macetas o recipientes de tamaño similar para las tres condiciones.

- ◇ Tierra fértil o algodón.

- ◇ Agua.

- ◇ Una fuente de luz (ponerlas cerca de una ventana).

- ◇ Tapa para privar de luz una de las semillas.

- ◇ Ficha de observación y registro.

- ◇ Reglas o cintas métricas para medir la altura de las plantas (opcional).

¿Cómo lo llevaremos a cabo?

Preparamos los recipientes:

- ◆ **Condición 1:** Agua y luz, pero sin tierra o algodón.

- ◆ **Condición 2:** Tierra y luz, pero sin agua.

- ◆ **Condición 3:** Agua y tierra, pero sin luz.

Etiquetamos los recipientes o maceteros para identificar cada recipiente con la condición experimental que corresponda.

En nuestra hoja de observación registramos en qué va a consistir el experimento, fecha de inicio del mismo, hipótesis… Realizaremos observaciones para registrar los cambios que vayan sucediendo. Después de un tiempo determinado y de haber registrado varios cambios discutiremos en grupo los resultados obtenidos y comparamos los resultados entre las diferentes condiciones. Animamos a los alumnos/as a reflexionar sobre el proceso y lo que han aprendido.

Como final de la actividad, revisamos los registros de observación para asegurarnos de que los datos fueron anotados de manera clara y precisa.

UNA MÁQUINA PERFECTA

¿LO ADIVINAS? EXPLORADORES SENSORIALES

Realizaremos un taller para trabajar los cinco sentidos. El alumnado tendrá que usar los mismos para averiguar las respuestas de las diferentes actividades. Las actividades están diseñadas para estimular cada uno de los sentidos y ayudarlos a identificar y describir diferentes sensaciones.

Los objetivos que pretendemos conseguir con esta actividad son:

◇ Estimular y desarrollar la percepción de los sentidos (vista, olfato, oído, tacto y gusto) del alumnado mediante actividades prácticas.

◇ Reconocer y nombrar los cinco sentidos.

◇ Incrementar la motivación del alumnado por el aprendizaje.

◇ Desarrollar la capacidad de atención y concentración de los alumnos y alumnas.

Materiales:

Para esta actividad necesitamos:

Olfato actividad 1:

◇ Pequeños recipientes con varias sustancias como esencias, plantas aromáticas o alimentos (vainilla, canela, romero, lavanda, laurel, orégano, coco...).

◇ Tarjetas con imágenes de las sustancias elegidas.

◇ Pequeñas pizarras blancas y rotuladores (opcional).

◇ Pañuelos para tapar los ojos (opcional). Cada uno puede traer el suyo.

Olfato actividad 2:

◇ Bolsas pequeñas de tela.

◇ Serrín.

◇ Botes con esencias con diferentes aromas.

◇ Cucharas para mezclar.

◇ Pequeños cuencos o platos para mezclar.

◇ Rotuladores de tela.

Gusto actividad 1:

◇ Diferentes alimentos. Dulce (plátano, uvas, mermelada, dátiles, miel...), salado (aceitunas, palomitas de maíz, sal, galletitas saladas, pepinillos...), umami (queso, tomate, salsa de soja diluida...), ácido (limón, naranja, vinagre diluido, fresas, yogurt natural...) y amargo (cacao 90%, espinacas, col, pomelo...).

◇ Pañuelos para tapar los ojos.

◇ Cucharas.

◇ Pequeñas pizarras blancas y rotuladores (opcional).

Gusto actividad 2:

◇ Tarjetas con imágenes de diferentes alimentos para cada grupo.

◇ Tarjetas con los cinco sabores para cada grupo (dulce, salado, ácido, amargo y umami).

◇ Pinzas (para enganchar las tarjetas con imágenes de cada alimento).

Oído actividad 1:

◇ Grabaciones con diferentes sonidos (pájaros, motor de coche, la ciudad, el mar, cascada, lluvia, llanto de bebé, mosca volando, tormenta, viento, animales, guitarra, piano, teclado de ordenador, teléfono...).

◇ Pequeñas pizarras blancas y rotuladores.

Oído actividad 2:

◇ Cuento, poesía o texto.

◇ Instrumentos musicales (panderetas, maracas, tambor...).

◇ Otros objetos como lápices, sus manos, papel, botes de arroz, vasos, hojas secas...

Tacto actividad 1:

◇ Una caja con diferentes aberturas.

◇ Diferentes objetos con texturas variadas (espaguetis, slime, harina, lana, espuma de afeitar, pelo de animal, algodón, arroz, pompones, esponja, piedra...).

Tacto actividad 2:

◇ Globos.

◇ Diferentes materiales y objetos (clips, algodón, lentejas, garbanzos, pompones, botones, arroz, harina...).

◇ Tarjetas con fotografías de los objetos mencionados.

Tacto actividad 3:

◇ Planchas con materiales (madera, algodón, piel de animal, metal, garbanzos...).

◇ Pañuelos para vendar los ojos.

Vista actividad 1:

◇ Tarjetas de animales, formas, objetos, paisajes... a modo memory (un juego por grupo o pareja).

Vista actividad 2:

◇ Imágenes (pueden ser paisajes, obras de arte...).

◇ Wordwall o genially con preguntas.

¿Cómo la llevaremos a cabo?:

EL OLFATO:

Actividad 1. Adivina el olor:

◇ Les daremos a oler diferentes sustancias. El alumnado tendrá que adivinar el nombre de la sustancia. Como consejo usar café entre sustancia y sustancia para resetear la pituitaria. Pueden escribir el nombre individualmente en una pizarra blanca o para más facilidad podemos darles tarjetas con las imágenes de las sustancias. En grupo se tendrán que poner de acuerdo para elegir una de ellas. ¡Cuidado que no se vean los nombres de las sustancias! Puedes usar pañuelos para tapar los ojos y que nuestros sentidos se agudicen todavía más.

Actividad 2. Crea tu bolsa aromática:

◆ El alumnado creará una bolsa aromática para poder ponerla en algún lugar de casa. Para ello deberéis seguir los siguientes pasos:

◆ Deja que el alumnado huela cada uno de los botes con esencia y que finalmente elija el que más le guste.

◆ Una vez elegido echamos un poco de serrín (lo suficiente para llenar una bolsita) en cada uno de los cuentos del alumnado.

◆ A continuación, echamos un poco de la esencia elegida por cada uno y mezclamos con las cucharas para que todo el serrín coja el aroma de la esencia.

◆ Con la ayuda de la cuchara metemos todo el serrín en la bolsa de tela.

◆ Por último, con rotuladores decoramos nuestra bolsita.

EL GUSTO:

Actividad 1. Degustación de sabores:

◇ Importante control de alergias alimentarias para la realización de esta actividad. A ciegas, con sus pañuelos puestos el alumnado probará algunos de los alimentos propuestos y tendrá que identificar qué es y qué sabor tiene. Se puede realizar por equipos (sale un miembro de cada equipo en cada turno). El equipo que más alimentos y sabores acierte gana. Para hacerlo más motivador pueden escribir su respuesta en una pequeña pizarra blanca.

Actividad 2. Empareja el sabor:

◇ El alumnado por grupos debe emparejar las imágenes de los alimentos con cada sabor. En un lado pondrá el sabor dulce, en otro el salado, en otro el amargo, en otro el ácido y en finalmente en otro umami.

EL OÍDO:

Actividad 1.
¿Qué estás escuchando?:

◇ El alumnado escuchará varias grabaciones y tiene que tratar de identificar lo que está escuchando. Escribirá su respuesta en una pizarra blanca. Puede realizarse en grupo y que cada grupo llegue a una conclusión en común. El grupo que más sonidos adivine gana.

Actividad 2.
TEXTO SONORO:

Leeremos algún cuento, poesía o texto que tenga algunas partes que se puedan representar con sonidos. También podemos asignarle a una palabra determinada algún sonido. Hay que seleccionar e identificar bien los momentos clave en los que sonarán los sonidos. Dividiremos al alumnado para que cada grupo se encargue de unos sonidos determinados. Cada vez que suene una palabra determinada o en momentos concretos los alumnos y alumnas deben realizar diferentes efectos de sonido. Podemos llegar a un acuerdo entre todos de qué debemos hacer para cada efecto de sonido.

EL LOBO MÁGICO

Era una tarde soleada cuando Ana y Tomás decidieron adentrarse en el bosque encantado cerca de su casa. **Efecto de Sonido:** (Sonido de pájaros cantando y hojas crujientes bajo los pies.)

Mientras caminaban, escucharon un suave ulular que parecía venir de lo alto de un viejo roble. **Efecto de Sonido:** (Sonido de un búho ululando.)

—Hola, pequeños aventureros. ¿Qué los trae por este bosque mágico? –preguntó un búho sabio.

—Queremos descubrir los secretos del bosque encantado –contestó Ana.

—Entonces deben encontrar al Lobo Mágico. Él guarda la entrada al claro donde los deseos se hacen realidad. Sigan el sonido de los pasos ligeros en la noche.

Ana y Tomás siguieron caminando, guiados por el sabio consejo del búho. El bosque se volvía más denso y oscuro a medida que avanzaban. **Efecto de Sonido:** (Sonido de hojas crujientes bajo los pies, viento susurrando entre los árboles.)

De repente, el cielo se oscureció y se escucharon los primeros truenos de una tormenta que se acercaba rápidamente. **Efecto de Sonido:** (Sonido de truenos y viento fuerte.)

—Ana, deberíamos encontrar un refugio antes de que empiece a llover –dijo Tomás algo preocupado.

Encontraron una pequeña cueva justo a tiempo antes de que la lluvia comenzara a caer torrencialmente. **Efecto de Sonido:** (Sonido de lluvia fuerte golpeando el suelo y las hojas.)

Cuando la tormenta cesó, Ana y Tomás salieron de la cueva y continuaron su camino. De repente, vieron una figura majestuosa aparecer entre los árboles: el Lobo Mágico. **Efecto de Sonido:** (Sonido de un lobo aullando en la distancia.)

—¿Qué buscan en mi bosque, pequeños humanos? –preguntó una voz desde la oscuridad.

—Queremos encontrar el claro mágico donde los deseos se hacen realidad —contestó Ana.

—Para llegar allí, deben seguirme y no perderse. El camino está lleno de peligros.

Siguieron al Lobo Mágico hasta que, finalmente, llegaron a un claro iluminado por una luz suave y dorada. El aire estaba lleno de una fragancia dulce y mágica. **Efecto de Sonido:** (Sonido de un arroyo suave, viento suave y campanillas mágicas sonando.)

Ana y Tomás cerraron los ojos y pidieron sus deseos más profundos. El claro mágico brilló aún más intensamente, como si el bosque mismo aprobara sus deseos.

Con sus deseos en sus corazones, Ana y Tomás agradecieron al Lobo Mágico y regresaron a casa, prometiendo volver algún día al bosque encantado. **Efecto de Sonido:** (Sonido de pájaros cantando suavemente mientras los niños se alejan.)

Y así, los dos hermanos aprendieron que la verdadera magia está en la valentía de seguir sus sueños y en la sabiduría de los amigos que encuentran en el camino.

LA FIESTA EN EL REINO SUBMARINO

Marina y Leo siguieron al Delfín Brillante a través de arrecifes coloridos y peces de todos los colores imaginables. **Efecto de Sonido:** (Sonido de agua moviéndose y peces nadando, campanillas suaves para dar un toque mágico.)

Podían escuchar los suaves tambores de concha de las criaturas marinas que anunciaban su llegada. **Efecto de Sonido:** (Sonido de tambores de mano tocados suavemente.)

Finalmente, llegaron al palacio de coral donde la Reina Coral los esperaba. **Efecto de Sonido:** (Sonido de agua fluyendo suavemente, cuencos o vasos para un ambiente etéreo.)

—Bienvenidos, Marina y Leo. Estamos celebrando una gran fiesta en honor a la paz del océano, y nos encantaría que se unieran a nosotros –dijo entusiasmada la Reina Coral.

—¡Nos encantaría! ¿Cómo podemos ayudar? –preguntó Leo con ilusión.

—Cada invitado trae un sonido especial. Aquí hay algunos instrumentos para que elijan.

Marina eligió una flauta de coral, mientras que Leo tomó una maraca de conchas. Practicaron sus melodías junto a las criaturas marinas. **Efecto de Sonido:** (Sonido de flauta suave tocando una melodía y maracas agitándose rítmicamente.)

La fiesta comenzó con un espléndido desfile de criaturas marinas que danzaban al ritmo de la música. **Efecto de Sonido:** (Sonido de tambores, flautas y maracas tocando juntos en una alegre melodía.)

Las medusas brillaban como luces de neón, y los cangrejos tocaban tambores de concha con sus pinzas. **Efecto de Sonido:** (Sonido de tambores de mano tocados de manera más festiva y rápida.)

De repente, el Delfín Brillante llevó a Marina y Leo al centro del palacio donde había un gran coral mágico. Al tocarlo, emitió un sonido celestial que llenó todo el reino. **Efecto de Sonido:** (Sonido una campana profunda, reverberando.)

—Este coral mágico bendice a quienes lo tocan con un deseo. Cierren los ojos y pidan un deseo –explicó la Reina Coral.

—Deseamos que la paz y la alegría reinen siempre en este maravilloso mundo submarino –pidieron Marina y Leo cerrando los ojos.

La Reina Coral sonrió y el reino entero brilló con una luz dorada. **Efecto de Sonido:** (Sonido de campanillas mágicas y agua burbujeante.)

Marina y Leo se despidieron de sus nuevos amigos y regresaron a la superficie, sabiendo que siempre podrían volver al Reino Submarino. **Efecto de Sonido:** (Sonido de burbujas ascendiendo y suaves tambores en el fondo.)

Y así, recordaron que la verdadera magia está en los amigos que encuentran y las aventuras que comparten.

EL TACTO:

Actividad 1. Caja sensorial.

Los alumnos y alumnas meten la mano en la caja sin mirar y describen cómo sienten lo que están tocando (está frío, caliente, suave, áspero...). Luego intentan adivinar qué objeto están tocando.

Actividad 2.
¿Qué contiene?:

Colocamos los objetos dentro de los globos. El alumnado tendrá que emparejar cada tarjeta con el globo. Debe tocarlo para averiguar qué objeto o material hay en su interior.

Actividad 3.
Muros de texturas:

Elaboramos planchas o placas con diferentes materiales (lija, pelo de animal, piel, metal, madera, paja, garbanzos, algodón... Con los ojos vendados tocarán las diferentes planchas y deberán describir cómo sienten lo que están tocando e intentar adivinar el material que tocan.

LA VISTA:
Actividad 1. Memory.

El alumnado en parejas, grupos o gran grupo debe voltear las tarjetas y encontrar las parejas iguales. Esta actividad ayuda a mejorar la memoria visual y la atención.

Actividad 2.
¿Qué recuerdas?:

Proyectamos diferentes imágenes. Dejamos unos minutos para que las visualicen. Después haremos varias preguntas para comprobar la memoria visual.

BINGO- BODY

A lo largo de esta actividad exploraremos el cuerpo humano, sus partes y funciones de una manera más amena y divertida. A través de este juego, además de aprender sobre lo anteriormente citado, pondremos a prueba nuestra capacidad de atención y escucha.

Los objetivos que pretendemos conseguir con esta actividad son:

◇ Conocer los principales órganos del cuerpo humano y sus funciones.

◇ Ampliar el vocabulario científico del alumnado.

◇ Desarrollar habilidades como la atención y la escucha activa.

Materiales

Para esta actividad necesitamos:

◇ Tarjetas de Bingo con diferentes partes del cuerpo humano.

◇ Marcadores de pizarra borrables para cubrir las casillas de Bingo.

◇ Tarjetas con las partes del cuerpo humano y su descripción escritas para leer en voz alta.

◇ Pizarra o pantalla para mostrar las tarjetas de las partes del cuerpo a medida que se leen (opcional).

¿Cómo lo llevaremos a cabo?

Imprime los cartones de Bingo con las diferentes partes del cuerpo humano. Puedes plastificarlos para usarlos en más ocasiones. Repartiremos una tarjeta de bingo a cada alumno y alumna. Leeremos una a una, definiciones sobre la función y estructura de los órganos que aparecen en las tarjetas. A medida que leemos cada tarjeta el alumnado tendrá que ir identificando y marca la que ha salido. Leeremos las tarjetas en orden aleatorio. El primer estudiante (o equipo, si se juega en esta modalidad) que complete toda la tarjeta será el ganador. Verifica que las partes del cuerpo marcadas en su cartón correspondan con las partes que se han leído en las tarjetas.

80

NUESTRO RETRATO INTERIOR

En esta actividad los peques aprenderán a identificar y comprender las funciones de los órganos de manera divertida.

Los objetivos que pretendemos conseguir con esta actividad son:

◇ Identificar y conocer los órganos del cuerpo humano.

◇ Conocer la ubicación y función básica de cada órgano.

◇ Facilitar el trabajo colaborativo y la cooperación.

◇ Diagramas o fichas del cuerpo humano como referencia.

Materiales

Para esta actividad necesitamos:

◇ Papel continuo.

◇ Lápices de colores, rotuladores...

◇ Tijeras y pegamento.

◇ Imágenes de los órganos internos para colorear.

¿Cómo lo llevaremos a cabo?

Tras haber aprendido antes sobre el funcionamiento del cuerpo humano, sus aparatos o sistemas, sus órganos y funciones principales realizaremos esta actividad, que se puede realizar de manera individual o en grupo. Dibujarán el contorno de su propio cuerpo en un trozo de papel continuo.

Les daremos imágenes de los órganos internos para que los niños/as los coloreen (opcional) y los recorten. Deberán pegar los órganos en el lugar correcto dentro del contorno de su cuerpo dibujado. Cada alumno/a o grupo presentará su "retrato interior" a la clase, explicando la función de cada órgano colocado.

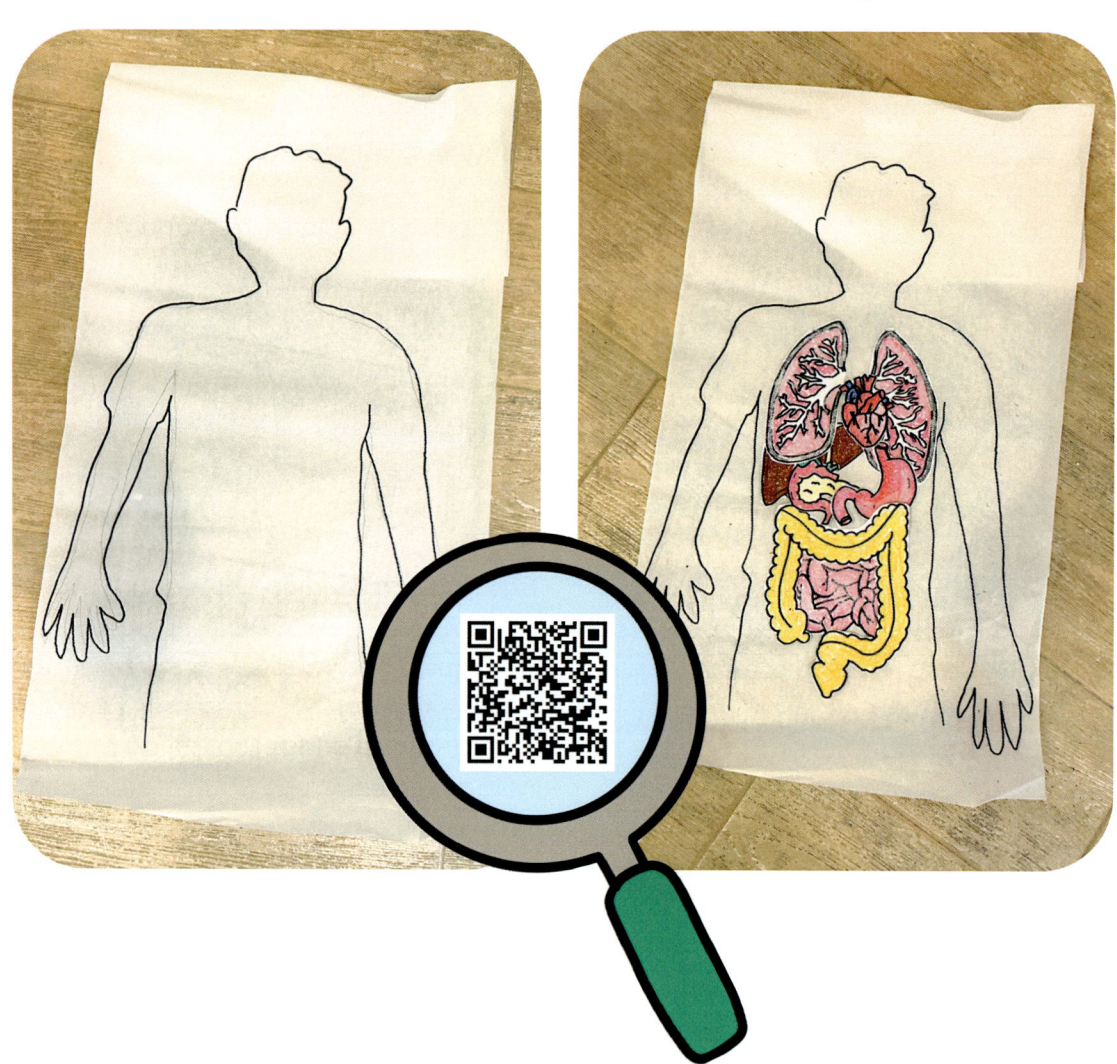

ANATOMÍA PROHIBIDA

El juego "Anatomía prohibida" se basa en el tradicional juego del tabú. Nos servirá para fomentar el aprendizaje interactivo, activo y divertido sobre las diversas partes del cuerpo humano, además de mejorar la expresión oral. Pondremos a prueba el conocimiento de los niños y niñas y mejoraremos su habilidad para explicar conceptos.

Los objetivos que pretendemos conseguir con esta actividad son:

◇ Conocer e identificar diferentes partes del cuerpo humano.

◇ Desarrollar habilidades de comunicación oral.

◇ Promover el trabajo activo y la motivación.

Materiales

Para esta actividad necesitamos:

◇ Tarjetas tabú sobre las partes del cuerpo humano.

◇ Pulsadores (opcional, para hacer más motivadora la actividad).

¿Cómo lo llevaremos a cabo?

Preparamos nuestras tarjetas tabú sobre diferentes partes del cuerpo humano. Yo las tengo plastificadas para que sean más resistentes. Cada tarjeta incluye el nombre del órgano, una imagen y cuatro palabras prohibidas que no se pueden usar para describirla.

Se puede jugar de manera individual o en grupo. Saldrá un alumno/a que tendrá que describir una de las tarjetas. El grupo que cree saber la respuesta aprieta el pulsador. Podemos darle más emoción si los grupos ganan puntos. Deberemos intentar que salga todo el alumnado para describir una de las tarjetas. Podremos guiar y ayudar a quien lo necesite.

ESÓFAGO

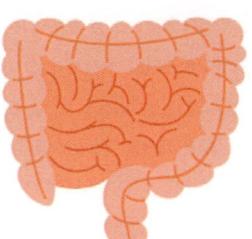

- Tragar
- Comida
- Tubo
- Digestión

INTESTINO

- Digestión
- Delgado
- Grueso
- Estómago

CONEXIÓN VITAL

En esta actividad, el alumnado tendrá la oportunidad de explorar y comprender la función de los órganos del cuerpo humano de una manera divertida y visual. El alumnado tendrá que emparejar las tarjetas que representan diferentes órganos con tarjetas que describen sus funciones específicas.

Los objetivos que pretendemos conseguir con esta actividad son:

◇ Conocer e identificar diferentes órganos del cuerpo con sus funciones.

◇ Fomentar el aprendizaje activo y participativo.

◇ Promover el trabajo cooperativo.

Materiales

◇ Para esta actividad necesitamos:

◇ Tarjetas con imágenes de órganos y tarjetas con descripciones de funciones.

¿Cómo lo llevaremos a cabo?

Explicaremos al alumnado en qué consiste la actividad. Después los dividiremos en grupos de unos 4-5 alumnos/as como máximo. Entregamos a cada grupo o estudiante un conjunto de tarjetas con órganos y un conjunto con funciones. Deberán buscar y emparejar cada órgano con la función correspondiente. Una vez emparejadas todas las tarjetas, revisamos las respuestas con la clase y discutimos brevemente el papel de cada órgano en el cuerpo. Esta actividad puede formar parte de unas estaciones de aprendizaje.

MATERIA EN ACCIÓN

LA TABLA MÁGICA DE LOS ELEMENTOS

La tabla periódica es la base de la química. Esta tabla expone todos los elementos químicos conocidos. Esta actividad permitirá aprender sobre estos elementos construyendo nuestra propia versión de la tabla periódica. La he realizado con alumnado desde 3º de Primaria. Si bien es cierto, que el alumnado tiene que hacer un gran esfuerzo de abstracción, pero finalmente comprenden el origen de la química y como todo el universo está compuesto por los mismos elementos. Esto será una muy buena base para seguir aprendiendo y experimentando.

Los objetivos que pretendemos conseguir con esta actividad son:

◇ Comprender y reconocer la composición de elementos químicos del universo.

◇ Conocer algunos elementos básicos de la tabla periódica.

◇ Descubrir algunas características básicas de los elementos.

◇ Trabajar en grupos para construir una tabla periódica visualmente atractiva.

Materiales

Para esta actividad necesitamos:

◇ Materiales para manualidades (lápices, rotuladores, tijeras, pegamento, papel continuo, etc.)

◇ Tarjetas para colorear los diferentes elementos.

¿Cómo la llevaremos a cabo?

Primero realizaremos una introducción visualizando algún vídeo sobre los diferentes elementos y la tabla periódica. El objetivo es saber qué es la tabla periódica, cómo se divide en varios colores y qué significan. Podemos buscar en ella algunos de los elementos, especialmente los más conocidos como oxígeno, hidrógeno, carbono... Dónde se sitúan y para qué pueden usarse o dónde aparecen. También pueden observar otros que seguro que les suenan como el oro, la plata, cloro...

Una vez realizada la introducción y haber explicado qué es esta tabla, empezaremos con la construcción de la nuestra. Repartiremos de uno en uno los elementos que conforman la tabla. Para que puedan colorearlo conforme a la misma dejaremos la tabla proyectada en la pizarra digital (podemos imprimir en tamaño A3 algunas tablas o poner ordenadores en cada grupo para que tengan más apoyo visual). Los alumnos y alumnas deben comprobar qué color tiene su elemento y si el resto de la información es correcta. Para ello deberán buscarlo en la tabla.

Cuando todos los elementos estén completos llega la hora formar nuestra tabla. Recortaremos un gran trozo de papel continuo donde quepan todos los elementos. Con nuestra ayuda iremos ordenando los elementos y pegándolos en el orden correspondiente.

ARQUITECTOS DE MOLÉCULAS

Una vez hemos comprendido la construcción del universo en sus 118 elementos y entender cómo estos se combinan para crear otros nuevos formando moléculas, llega la hora de crear las nuestras. Cada uno realizará una investigación sobre la molécula que elijan y tendrán la oportunidad de construir una maqueta de la misma.

Los objetivos que pretendemos conseguir con esta actividad son:

◇ Explorar cómo los átomos se combinan para formar moléculas a través de enlaces químicos.

◇ Realizar investigaciones sobre moléculas simples.

◇ Despertar la curiosidad por la química del alumnado a través de actividades prácticas.

◇ Explicar verbalmente cómo construyeron sus modelos y qué aprendieron sobre las moléculas.

Materiales

Para esta actividad necesitamos:

◇ Ficha de investigación sobre las moléculas.

◇ Materiales de escritura y para manualidades (lápices, rotuladores, tijeras, pegamento, papel continuo, plastilina, esferas de corcho, palillos, pintura, etc.)

¿Cómo lo llevaremos a cabo?

Esta actividad podrá realizarse en pequeños grupos o individualmente. Lo ideal es que la investigación y la construcción de la maqueta se realicen en clase.

En primer lugar, el alumnado elegirá una molécula. Puede ser alguna ya vista o buscar otra que sea de su interés. Una vez elegida le daremos la hoja de investigación. Con ayuda de un ordenador tendrá que ir completando los datos de la hoja: dibujo, nombre, fórmula química, composición, dónde se encuentra, estado, apariencia o color, punto de fusión, punto de ebullición, sus usos y riesgos. Usaremos una sesión para esta parte.

Ya completada la hoja de investigación es hora de ponerse manos a la obra y construir nuestra molécula. Para esta parte usaremos varias sesiones. Es importante establecer la fecha de entrega para que el alumnado sepa cuánto tiempo tiene para elaborar su maqueta y sea responsable con la fecha de entrega.

Cuando las maquetas estén listas es hora de preparar la exposición para presentar nuestra maqueta y los resultados de nuestra investigación. El alumnado tendrá que prepararse su exposición para realizarla al resto de la clase.

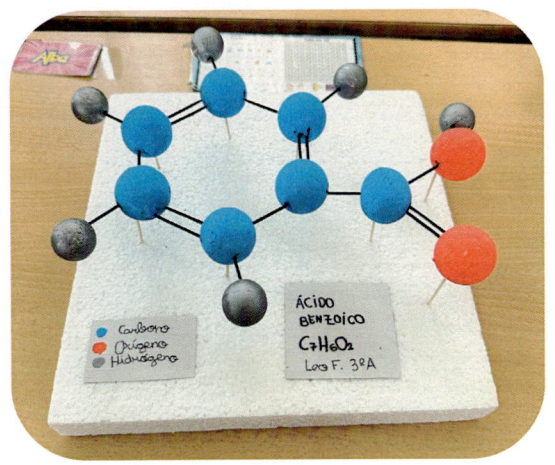

TU MOLÉCULA

NOMBRE DEL CIENTÍFICO/A: _____

DIBUJO

NOMBRE:

FÓRMULA QUÍMICA

COMPOSICIÓN:
_____
_____
_____
_____

DÓNDE SE ENCUENTRA:
_____
_____
_____
_____

ESTADO:

APARIENCIA/ COLOR:

PUNTO DE FUSIÓN:

PUNTO DE EBULLICIÓN:

USOS:
_____
_____
_____
_____
_____
_____
_____

RIESGOS:
_____
_____
_____
_____
_____
_____
_____

MOLÉCULA MANÍA

Una vez que hemos conocido la conformación en elementos de todo el universo, deberemos entender que estos elementos se combinan formando moléculas. La formación de moléculas es base de todo lo que nos rodea, desde los alimentos que tomamos hasta los materiales que usamos diariamente. En esta actividad práctica y manipulativa el alumnado deberá emparejar cada dibujo de una molécula con su nombre correcto y fórmula química. Cada molécula presenta una estructura propia y su fórmula química refleja la organización de sus átomos. Con esta actividad estamos favoreciendo la observación, la capacidad de clasificación y discriminación y a la vez aprendiendo sobre la estructura y funciones de las moléculas más conocidas.

Los objetivos que pretendemos conseguir con esta actividad son:

◇ Reconocer e identificar diferentes moléculas.

◇ Entender cómo están formadas las moléculas por la combinación de átomos y cómo esta estructura determina su fórmula y su nombre.

◇ Trabajar en grupos para realizar actividades fomentando la cooperación.

Materiales

Para esta actividad necesitamos:

◇ Tarjetas con diferentes moléculas, su fórmula química y su nombre.

◇ Ficha de registro de moléculas.

¿Cómo lo llevaremos a cabo?

Cuando se haya explicado el origen de las moléculas y su función el alumnado debe estar distribuido en grupos de 4-5 personas. Les daremos a cada grupo un sobre con las diferentes tarjetas del juego.

Les daremos 10- 15 minutos para que en grupos emparejen las imágenes de las moléculas con su nombre y fórmula química. Podemos poner un temporizador en la pizarra digital para darle más emoción.

Cuando ya las tengan emparejadas, con la ayuda de una presentación iremos corrigiendo cada una. Tienen que arreglar los fallos si los tienen. Una vez corregidas repartiremos una hoja de registro individual, donde tienen que dibujar cada molécula con su nombre y fórmula química. Deben entregar dicha hoja al profesor o profesora como actividad evaluable.

DETECTiVES DE LA MATERiA

En esta actividad ayudaremos a nuestros alumnos y alumnas a clasificar diferentes tipos de materiales según sus propiedades y características. Con ella podemos promover el aprendizaje activo y trabajar actividades de observación y clasificación.

Los objetivos que pretendemos conseguir con esta actividad son:

◇ Identificar y agrupar materiales según sus propiedades.

◇ Promover el aprendizaje activo.

◇ Fomentar la colaboración y el trabajo en equipo.

Materiales

Para esta actividad necesitamos:

◇ Tarjetas con criterios de clasificación: mineral, vegetal, animal, naturales y artificiales.

◇ Tarjetas con imágenes de diferentes tipos de materiales.

◇ Materiales reales y lupas (si es posible).

¿Cómo lo llevaremos a cabo?

Organizaremos al alumnado en pequeños grupos de unas 4-5 personas. Cada grupo tendrá sus tarjetas con imágenes, explicaremos la actividad y los objetivos de la misma. Podemos realizar dos tipos de clasificaciones. En la primera clasificaremos los diferentes tipos de materiales según su origen: mineral, vegetal y animal. En la segunda clasificación los dividimos según sean naturales o artificiales. Dejamos un tiempo determinado para que cada grupo realice la primera clasificación. Cuando la hagan, en gran grupo revisamos lo que hemos hecho, corregimos los errores y discutimos sobre el origen de cada material. Después deja-remos un tiempo para realizar la segunda clasificación y repetiremos el proceso de revisión y evaluación. Si tenemos mate-riales reales podemos dejar que el alum-nado los observe y los toque apreciando sus características y propiedades.

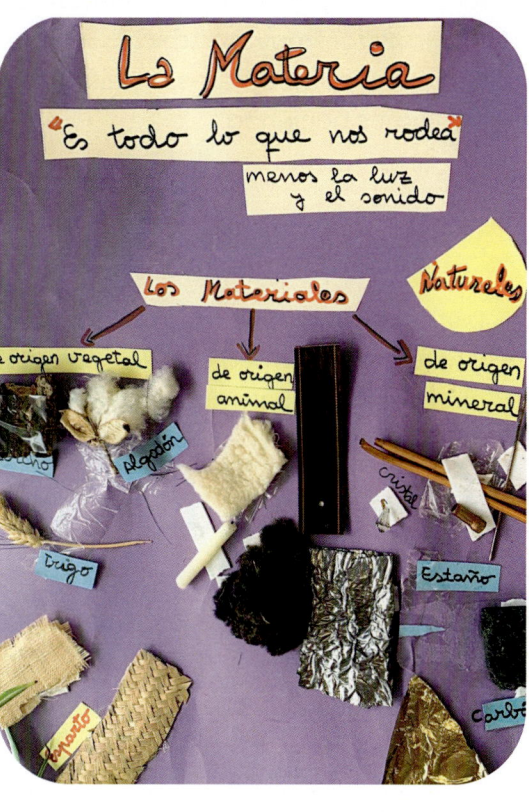

FIESTA DE MEZCLAS

En esta actividad es hora de explorar los tipos de mezclas. Experimentamos con diferentes sustancias, distinguiendo entre mezclas homogéneas y heterogéneas. Utilizaremos sustancias que el alumnado conoce e iremos registrando lo que vamos haciendo.

Los objetivos que pretendemos conseguir con esta actividad son:

◇ Distinguir entre mezclas homogéneas y heterogéneas mediante la observación y experimentación con diversos materiales.

◇ Desarrollar habilidades científicas.

Materiales

Para esta actividad necesitamos:

◇ Diferentes tipos de sustancias: garbanzos, lentejas, aceite, agua, arena, piedras pequeñas, cacao en polvo, leche, zumo, azúcar, colorante alimentario, granos de arroz, vinagre...

◇ Vasos de plástico o recipientes de cristal (para realizar las mezclas).

◇ Cucharas (para mezclar).

◇ Colador.

◇ Filtros de café.

◇ Hoja de registro para las mezclas.

¿Cómo lo llevaremos a cabo?

Preparación

Esta actividad podrá realizarse en grupos o en gran grupo. Si la realizamos en grupos, cada uno de ellos debe tener cantidades de las diferentes sustancias, vasos de plástico y cucharas. Repartiremos una hoja de observación a cada alumno/a. Anteriormente, ya habremos conocido de manera teórica los distintos tipos de mezclas.

Experimentación

Realizaremos las mezclas de una en una. Poco a poco iremos registrando los datos en nuestra hoja de observación (sustancia 1, sustancia 2 y qué tipo de mezcla es). También podemos acompañar estos datos con un dibujo.

Voy a dar ejemplos de algunas de ellas, aunque podéis variar según os interese. Cada mezcla puede ser realizada por uno o dos alumnos/as de cada grupo para que todos/as participen. Guiaremos al alumnado durante toda la actividad.

Mezcla 1.

Agua y sal (mezcla homogénea).

¿La sal se disuelve completamente? ¿Podemos distinguir sus componentes? ¿El líquido es uniforme?

Mezcla 2.

Agua y aceite (mezcla heterogénea).

¿El aceite se mezcla con el agua o queda separado? ¿El líquido es uniforme? ¿Qué pasa si lo intentamos remover? ¿Cuál se queda arriba? ¿Podríamos separarlos?

Mezcla 3. A

gua y colorante alimentario (mezcla homogénea).

¿Se mezclan completamente? ¿Podemos distinguir sus componentes? ¿El líquido es uniforme? ¿Podríamos separarlos?

Mezcla 4.

Arena y agua (mezcla heterogénea).

¿La arena se disuelve? ¿El líquido es uniforme? ¿Dónde se queda cada componente? ¿Podemos distinguir a simple vista sus componentes? ¿Podríamos separarlos? ¿Cómo?

Mezcla 5.

Arroz y lentejas (mezcla heterogénea).

¿Se mezclan por completo? ¿Se pueden ver a simple vista los componentes? ¿Podríamos separarlos? ¿Cómo?

Mezcla 6.

Piedras pequeñas y arena (mezcla heterogénea).

¿Se mezclan por completo? ¿Se pueden ver a simple vista los componentes? ¿Podríamos separarlos? ¿Cómo?

Mezcla 7.

Leche y cacao en polvo (mezcla homogénea).

¿Se mezclan por completo? ¿Se pueden ver a simple vista los componentes? ¿Podríamos separarlos? ¿Cómo?

Conclusiones

Discutiremos en gran grupo sobre las conclusiones sacadas en cada mezcla. También cuándo usamos mezclas en la vida cotidiana y resumimos las diferencias entre mezclas homogéneas y heterogéneas.

LAS MEZCLAS

Nombre:_____ Fecha: _____

MEZCLA 1

[ ] + [ ] = [ ]   [   ]

MEZCLA 2

[ ] + [ ] = [ ]   [   ]

MEZCLA 3

[ ] + [ ] = [ ]   [   ]

MEZCLA 4

[ ] + [ ] = [ ]   [   ]

@soyunamaestranovata

MISTERIOS MINERALES

MI TESORO DEL PASADO

La paleontología es la ciencia que estudia los fósiles. Estos son restos orgánicos que han dejado animales y plantas hace millones de años y que perduran hasta nuestros días. Estos restos de organismos de épocas pasadas tienden a conservarse adheridos a rocas sedimentarias.

En esta actividad cada uno de nuestros alumnos y alumnas tendrá la oportunidad de crear su propio fósil. Haciendo moldes, realizaremos una simulación del proceso de fosilización. Esta actividad, además de ser motivadora y divertida nos ayudará a descubrir sobre los fósiles, cómo se forman y por qué son tan importantes.

Los objetivos que pretendemos conseguir con esta actividad son:

◇ Aprender sobre la formación y la importancia de los fósiles.

◇ Fomentar la creatividad y motivación en la recreación de fósiles.

◇ Impulsar el uso del método científico.

Materiales

Para esta actividad necesitamos:

◇ Lupas.

◇ Figuras de juguete de dinosaurios o animales prehistóricos.

◇ Conchas con diferentes formas.

◇ Hojas variadas de plantas.

◇ Plastilina (mejor colores claros).

◇ Cartulina.

◇ Tijeras.

◇ Saco de yeso.

◇ Agua (mejor si está templada).

◇ Ficha de observación para fósiles.

¿Cómo lo llevaremos a cabo?

Introducción

Antes de ponernos manos a la obra es importante introducir qué son los fósiles y para qué sirven. Un buen recurso puede ser un vídeo o una lectura sobre estos. Algunas preguntas iniciales podrían ser:

◇ ¿Sabéis que es un fósil?

◇ ¿Habéis visto alguna vez uno?

◇ ¿Cómo se forman?

◇ ¿Qué dibujos o criaturas aparecen en ellos?

◇ ¿Creéis que son importantes? ¿Por qué?

Observación

Si es posible realizaremos una observación de fósiles (amonites, trilobites, restos de conchas...). Para ello usaremos lupas y animaremos al alumnado a observar todos sus detalles. Podemos completar una ficha de observación sobre alguno de ellos. Algunas preguntas que pueden guiar esta parte son:

◇ ¿Qué tipo de fósil estás observando?

◇ ¿Qué pistas te da este fósil sobre el organismo que una vez fue?

◇ ¿Qué crees que le sucedió a este organismo para que se convirtiera en un fósil?

◇ ¿Cómo podría haber sido el entorno en el que vivía este organismo?

Fabricamos el molde

En primer lugar, daremos un trozo de plastilina al alumnado. Tendrán que formar una "galleta" con ella de al menos un centímetro y medio de grosor.

Una vez tengamos nuestra "galleta", elegiremos una pieza de juguete de dinosaurio o animal prehistórico, una concha o planta y dejaremos su huella en la pieza de plastilina. Dicha huella tiene que ser profunda (para que la mezcla pueda llegar al mismo).

Cuando tengamos nuestro molde realizaremos un cilindro con una cartulina y lo pondremos encima de la plastilina sin que quede ningún hueco. El cilindro llevará el nombre del alumno y alumna para poder identificarlo.

Creamos la mezcla

Este paso es muy importante, ya que la mezcla debe tener una consistencia adecuada, ni muy líquida ni demasiado espesa. Si está demasiado líquida no endurecerá bien y si está demasiado espesa no llegará bien a los rincones de nuestro molde.

En un bol u objeto para poder mezclar echamos un poco de yeso, aplicamos un pequeña cantidad de agua y mezclamos. Cuando esté mezclado echamos algo más de yeso y otro poco de agua. Haremos esto hasta que creamos que la pasta esté lista. Recuerda que no queden grumos para que la mezcla complete bien los moldes.

Aplicamos la mezcla a los moldes. Dejamos secar al menos una hora. Una vez secos quitamos la cartulina y la plastilina. ¡Y ya tenemos nuestro fósil! Si queremos darle un toque más realista podemos pintarlo.

Análisis

Con nuestro fósil listo es hora de analizarlo y explicar sus características. Daremos una ficha de observación y análisis, donde cada uno irá completando su información. Una vez completada y corregida por el docente cada alumno y alumna podrá compartir con el resto de la información sobre su fósil. Para completar podemos crear un pequeño museo de fósiles para que el resto del colegio pueda observar nuestras creaciones.

ROCAS EN ORDEN

A lo largo de esta actividad nos sumergiremos en el increíble mundo de la geología, ciencia que estudia la composición y estructura de la Tierra. Aprenderemos a identificar y clasificar los tipos de rocas.

Los objetivos que pretendemos conseguir con esta actividad son:

◇ Despertar la curiosidad y la motivación del alumnado.

◇ Observar y clasificar diferentes tipos de rocas y minerales.

◇ Incentivar el trabajo cooperativo del alumnado.

Materiales

Para esta actividad necesitamos:

◇ Variedad de muestras representativas de diferentes tipos de rocas ígneas, sedimentarias y metamórficas. Lo ideal es que haya muestras para los diferentes grupos.

◇ Lupas.

◇ Libros o guías sobre los diferentes tipos de rocas, sus características distintivas y los procesos geológicos para su formación.

◇ Etiquetas o tarjetas con los nombres de los diferentes tipos de rocas (ígneas, sedimentarias, metamórficas) para identificar las muestras durante la actividad.

◇ Tarjetas con fotos y nombre de las diferentes rocas.

◇ Fichas de clasificación.

¿Cómo lo llevaremos a cabo?

Introducción

El primer paso será introducir la temática al alumnado. Podemos poner algún vídeo interesante a modo de introducción. Prepararemos una breve explicación de la geología y la importancia de las rocas. Una vez lo hayamos visto podemos entregarle al alumnado su carnet de geólogo.

En niveles más avanzados podemos hacer un esquema o mapa conceptual básico sobre los diferentes tipos de rocas.

Observación inicial

En grupos, invitaremos al alumnado a observar las diferentes rocas y minerales que hayamos traído. Nos fijaremos en colores, texturas, forma...

Clasificación

Una vez realizada la observación, cada grupo deberá emparejar cada roca con la tarjeta en la que aparezca su imagen y nombre. Para ello nos fijaremos bien en que sus características a simple vista coincidan. Podemos usar libros para ayudarnos y completar la información. Cuando tengamos todas las rocas emparejadas, es hora de clasificarlas en ígneas, sedimentarias o metamórficas.

Cuando hayamos acabado de realizar la clasificación corregiremos estas en gran grupo. Iremos registrando la clasificación con los nombres de cada roca en una hoja. Durante esta corrección haremos hincapié en que vayan explicando por qué han clasificado cada una de las rocas de esa manera.

Conclusión

Concluimos la actividad con una discusión sobre lo aprendido. Haremos un resumen de todo lo aprendido durante la clase. También podemos hablar de cuáles nos han gustado o llamado más la atención o menos.

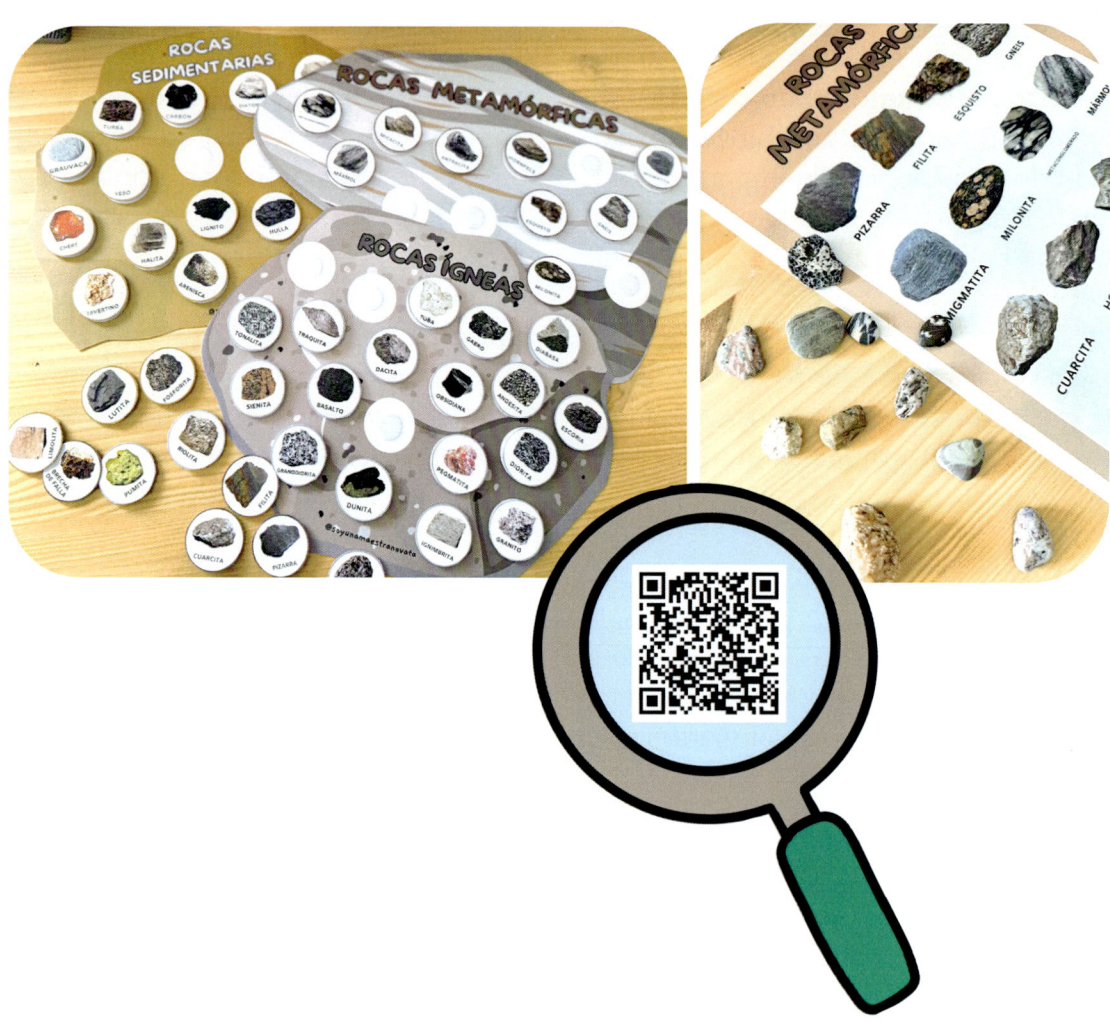

DETECTiVES DE RoCAS

Cada roca tiene una historia que contar, una historia sobre cómo se formó y qué materiales la componen. En esta actividad los alumnos y alumnas se convertirán en detectives de rocas, clasificando diferentes tipos de rocas y minerales basándose en sus características físicas y propiedades. Utilizaremos una hoja de observación especial para registrar sus hallazgos y aprenderán a identificar y diferenciar rocas.

Los objetivos que pretendemos conseguir con esta actividad son:

◇ Observar y clasificar diferentes tipos de rocas y minerales.

◇ Fomentar el desarrollo de habilidades de observación y análisis.

◇ Promover el trabajo en equipo y la colaboración del alumnado.

Materiales

Para esta actividad necesitamos:

◇ Variedad de muestras representativas de diferentes tipos de rocas y minerales. Lo ideal es que haya muestras para los diferentes grupos.

◇ Lupas.

◇ Libros o guías sobre los diferentes tipos de rocas y minerales, sus características distintivas y los procesos geológicos para su formación.

◇ Ordenadores.

◇ Hojas de observación y clasificación.

¿Cómo lo llevaremos a cabo?

Introducción

Esta actividad puede realizarse tras la anterior. Explicaremos que podrán ser detectives de rocas, investigándolas con más profundidad, explorando y clasificándolas como auténticos científicos.

Preparación

Entregamos una hoja de observación y clasificación que incluya campos para registrar datos de nuestra roca como color, textura, brillo, dureza, dónde se pueden encontrar, usos... Preparar diferentes tipos de rocas y minerales para que los estudiantes las examinen y clasifiquen.

Explicaremos cómo usar la hoja de observación y qué características deben buscar para clasificar cada tipo de roca o mineral. Cada alumno/a elegirá una para su investigación.

Exploración, clasificación y análisis

Cada alumno/a deberá observar cada roca o mineral cuidadosamente, discutiendo y registrando sus observaciones en la hoja proporcionada.

Presentación

Después de clasificar las rocas o minerales y rellenar la hoja de clasificación, cada alumno o alumna presentará al resto de compañeros los resultados de su investigación y conclusiones. Las hojas de clasificación pueden utilizarse para realizar un libro conjunto sobre las rocas y minerales. Estas hojas de clasificación también nos servirán para realizar la evaluación del alumnado como actividad evaluable.

TU ROCA O MINERAL

NOMBRE DEL CIENTÍFICO/A...

DIBUJO/ FOTO

☐ ROCA ☐ MINERAL

NOMBRE:

TIPO DE ROCA:
☐ SEDIMENTARIA ☐ METAMÓRFICAS
☐ ÍGNEAS

COMPOSICIÓN:

COLOR/ES:

APARIENCIA:
☐ CON BRILLO ☐ SIN BRILLO
☐ LISO ☐ RUGOSO
☐ BLOQUE ☐ EN LÁMINAS

DUREZA:
☐ DURO ☐ BLANDO ☐

APLICACIONES:

¿DÓNDE SE ENCUENTRA?

OTRAS CARACTERÍSTICAS:

MUNDO SUBTERRÁNEO

En esta actividad haremos un viaje hacia el interior de la Tierra. El suelo está formado por diferentes capas que son muy importantes para las plantas, los animales y para las personas. Construiremos una modelo de suelo que represente estas capas. Cada capa tiene una función especial y es fundamental para mantener la vida en nuestro planeta.

Los objetivos que pretendemos conseguir con esta actividad son:

◇ Identificar y describir las diferentes capas del suelo.

◇ Explicar el papel del suelo y su importancia para la vida.

◇ Fomentar el aprendizaje activo y la cooperación.

Materiales

Para esta actividad necesitamos:

◇ Tarros de cristal o vidrio (los que trae la comida nos valdrán y así los podemos reciclar).

◇ Arcilla.

◇ Tierra para plantas.

◇ Arena.

◇ Grava o piedras pequeñas.

◇ Rocas.

◇ Hierbas u hojas.

◇ Cucharas para echar los materiales.

◇ Marcadores o etiquetas (para nombrar cada capa).

◇ Ficha sobre las diferentes capas.

¿Cómo lo llevaremos a cabo?

Introducción

Explicamos al alumnado las diferentes capas del suelo y sus características. Menciona la capa superior (humus), la capa media (suelo mineral), la capa inferior (capa de material parental) y la corteza (roca madre). Un vídeo puede servir de ayuda para esta tarea.

Preparación

La actividad podrá ser desarrollada de manera individual (que cada alumno/a haga su propio modelo), en parejas o pequeños grupos. Una buena idea es que cada alumno/a sea responsable de recolectar sus propios materiales. También podemos hacerlo en alguna salida al entorno próximo.

Diseño del modelo

Una vez tengamos nuestros materiales en la mesa, explicamos que deben planificar cómo representarán cada capa y qué materiales usarán para cada una. Podemos proporcionar o proyectar un diagrama del suelo para guiarlos e incluso podemos ir creando uno a la vez que ellos.

Empezaremos por la capa más profunda:

1. Roca madre: pondremos piedras o rocas de mayor tamaño.

2. Material parental: añadiremos una capa de grava o piedras pequeñas. Esta capa debe ser más gruesa que la anterior.

3. Suelo mineral: agregamos una capa de arena y arcilla para representar el suelo mineral. Esta capa debe ser más gruesa que la anterior.

4. Humus: agregamos un poco de arena mezclada con tierra para plantas.

5. Capa orgánica: añadiremos algunas hierbas u hojas sueltas de plantas. Podemos poner algún juguete de una planta o animal para darle más realismo.

Rellenaremos nuestra ficha sobre las diferentes capas del suelo y la colorearemos de acuerdo a nuestro modelo.

Presentación

Cada alumno/a o grupo presenta su modelo al resto de la clase, explicando qué materiales utilizaron para cada capa y cómo representa la estructura del suelo.

Reflexión y conclusión

Discuten la composición e importancia de cada capa del suelo y cómo podría afectar a las plantas y animales. Compartimos y resumimos lo aprendido sobre el suelo y sus características.

MINERALES MÁGICOS

En esta actividad el alumnado se convertirá en auténticos científicos creando sus propios minerales. Exploraremos los fascinantes procesos naturales que dan origen a los minerales. Utilizando materiales sencillos y accesibles, recrearemos en el aula los fenómenos geológicos que tardan millones de años en ocurrir en la naturaleza. Al final cada niño tendrá un mineral único que podrán llevarse a casa e incluso podemos crear nuestro propio museo de minerales.

Los objetivos que pretendemos conseguir con esta actividad son:

◇ Despertar la curiosidad y el entusiasmo por la geología.

◇ Facilitar la comprensión de los procesos de cristalización y formación de minerales

◇ Reconocer la importancia de los minerales en la vida cotidiana.

◇ Fomentar la motivación y participación del alumnado.

Materiales

◇ Para esta actividad necesitamos:

Opción 1:

◇ Limpiapipas de color blanco.

◇ Bórax (borato de sodio). Disponible en farmacias, ferreterías o droguerías.

◇ Agua caliente.

◇ Cuchara (para mezclar).

◇ Tarro de cristal o vaso de precipitado.

◇ Palos de polo de madera.

◇ Colorante alimentario.

◇ Hilo de pescar o hilo para coser.

◇ Papel film.

Opción 2:

◇ Limpiapipas.

◇ Silicona fría.

◇ Sal gruesa para cocinar.

◇ Bol (opcional).

◇ Para ambos usaremos al final pinceles, témperas y purpurina si queremos decorar.

¿Cómo lo llevaremos a cabo?

Introducción

Explicamos los objetivos y cómo llevaremos a cabo la actividad. Presentamos conceptos básicos de cristalización y ejemplos de minerales que se forman mediante este proceso (como la ortoclasa o la aguamarina).

Opción 1

1. Enrollamos un limpiapipas. Si queremos que sea más grande enrollamos dos o más.

2. Después atamos el hilo de pescar al limpiapipas enrollado y al palo de polo dejando que cuelgue.

3. En el tarro de cristal mezclaremos dos vasos de agua caliente con un poco de colorante alimentario.

4. Añadimos ocho cucharadas de bórax. Removemos hasta que el bórax se disuelva por completo.

5. Una vez disuelto metemos el limpiapipas en el agua. Tiene que quedar colgando, para ello usaremos el palo de madera.

6. Lo tapamos y lo dejamos reposar hasta el día siguiente o hasta que veamos que está cristalizado.

7. Una vez cristalizado, lo sacamos y lo dejamos secar.

8. Una vez seco podemos terminar de pintar o decorar.

Opción 2

1. Enrollamos un limpiapipas.

2. Lo cubrimos con silicona fría (también podemos usar silicona caliente).

3. Le echaremos la sal gruesa. Podemos darle un poco de forma. Y lo dejamos secar.

4. Una vez seco podemos terminar de pintar y decorar a nuestro gusto. Podemos imitar algunos minerales que conozcamos o crear el nuestro propio.

Si no tenéis limpiapipas podemos coger un bol, poner sal gruesa, añadir silicona y hacer una pasta con ambas. Y la dejaremos secar.

¡Y ya tendríamos nuestro mineral!

RECURSOS

RECURSOS MATERIALES

Microscopio: nos van a permitir la observación de microorganismos, células y otros pequeños detalles en muestras biológicas.

Material de laboratorio: móntate en clase tu pequeño laboratorio con probetas, tubos de ensayo, pipetas o cuentagotas, vasos de precipitados, algún matraz... Tarros reciclados de cristal nos pueden servir.

Modelos atómicos y maquetas: modelos de órganos humanos, esqueletos y sistemas del cuerpo, animales, moléculas, plantas... ¡Seguro que encuentras algunos en el cole!

Material de reciclaje: como botellas de plástico, cartón, latas, botes de vidrio...

Set de rocas y minerales: se pueden encontrar también en los centros. También puedes encontrar muchos tipos de rocas y minerales en entornos como la playa o la montaña.

RECURSOS wEB

Didactalia: https://didactalia.net

Contiene numerosos juegos interactivos sobre el cuerpo humano, cambios de estado, tabla periódica...

National Geographic Kids: https://kids.nationalgeographic.com/

Artículos, videos y juegos educativos sobre una variedad de temas de ciencias naturales.

QuiverVision: https://quivervision.com/

Aplicación que combina la realidad aumentada (AR) con actividades para colorear.

Wordwall: https://wordwall.net/

Es una aplicación educativa diseñara para crear tus propias actividades y juegos interactivos (sopas de letras, quiz, memory, ruletas, completar frases, palabras cruzadas, flashcards...).

PHET: https://phet.colorado.edu/es/

Es una plataforma educativa que ofrece simulaciones interactivas gratuitas para enseñar y aprender ciencias y matemáticas. Se pueden encontrar simulaciones sobre gran variedad de temas como la densidad, cambios de estado, formas de moléculas, electricidad, fuerzas y movimiento, visión del color, selección natural...

Body planet T-shirt: https://bodyplanet.es/tienda/magic-t-shirt/

Han combinado una camiseta con la realidad aumentada (AR) para enseñar anatomía de manera visual e interactiva. Podremos usarla con un móvil o con una *tablet*, donde escaneamos la camiseta y veremos una imagen en 3D sobre las partes internas del cuerpo humano.

MergeCube: https://mergeedu.com/

Es una herramienta educativa que combina la realidad aumentada (AR) y la realidad virtual (VR). Se trata de un cubo con varios marcadores, que al visualizarlo con un móvil, una *tablet* o gafas de realidad virtual el alumnado puede ver y manipular modelos 3D en el cubo, como planetas, dinosaurios, estructuras de moléculas, órganos del cuerpo humano, animales...

Kids CSIC: http://www.kids.csic.es/index.html

Es una web educativa que ha desarrollado el Consejo Superior de Investigaciones Científicas (CSIC) de España, para acercar la ciencia a los niños y niñas. Encontraremos un montón de temas científicos, así como experimentos para realizar en casa o el aula, vídeos, actividades interactivas y proyectos científicos.

Sciencie Buddies: https://www.science-buddies.org/

Es una web que ofrece proyectos de ciencias, experimentos, guías y actividades prácticas para alumnado de todos los niveles.

Exploratorium: https://www.exploratorium.edu

Museo de ciencia en línea que ofrece experimentos, actividades y videos educativos sobre una amplia variedad de temas científicos.

Ciencia fácil: https://www.cienciafacil.com/#google_vignette

Sitio web que proporciona experimentos, artículos y actividades científicas sencillas para niños.

Naturaliza: https://www.naturalizaeducacion.org

Proyecto que proporciona recursos para la educación ambiental y la enseñanza de las ciencias naturales.

Chromville World: https://chromville.com/chromvillescience/

Es una aplicación educativa de realidad aumentada (AR) que combina el uso de dispositivos móviles con actividades de colorear y juegos, permitiendo que los dibujos cobraren vida en un entorno tridimensional a través de la realidad aumentada.

Rock Identifier: es una aplicación móvil diseñada para ayudar a identificar tipos de rocas, minerales y piedras preciosas.

Plantnet: es una aplicación móvil y web diseñada para la identificación de plantas a través del uso de tecnología de reconocimiento de imágenes.

AGRADECIMIENTOS

Finalizando esta travesía literaria y por supuesto científica, me gustaría dar las gracias a todos los que han hecho posible este libro.

En primer lugar, agradecer a toda mi familia por su amor y apoyo incondicional siempre. En especial a mi padre y a mi madre que me lo han dado todo. A mi pareja, Carlos, por apoyarme y acompañarme siempre en mis pequeñas locuras.

Gracias a todos mis compañeros y compañeras a lo largo de mis experiencias educativas. He aprendido mucho a lo largo de estos años. Sin duda, mi visión de la educación hoy día tiene que ver mucho con vosotros y vosotras.

Agradecer a todos los alumnos y alumnas a los que he tenido el privilegio de acompañar y he dado clase. Su entusiasmo, curiosidad y dedicación han sido una fuente constante de inspiración para mí. Cada momento de descubrimiento y aprendizaje en clase ha enriquecido mi experiencia como docente.

Y por último, agradecer a los lectores que van a leer y disfrutar de este libro como lo he hecho yo en el proceso de escribirlo.